beck'sche reihe

länder

Lettland, das seine staatliche Selbständigkeit durch die deutsche Preisgabe des Baltikums an Rußland im Hitler-Stalin-Pakt verloren hatte, findet heute, etwa zehn Jahre nach der Gründung als unabhängige Republik, zu einer eigenständigen Identität zurück. Wie eng über sieben Jahrhunderte Letten und Deutsche miteinander verbunden waren, zeigen noch heute viele Spuren dieser Vergangenheit, die zu Attraktionen für die Besucher geworden sind. Das vorliegende Buch präsentiert umfassend ein wirtschaftlich und kulturell aufstrebendes Land im uns näher rückenden Ostseeraum.

Klemens Ludwig, geb. 1955, arbeitet freiberuflich als Publizist und Radio-Journalist. Veröffentlichungen u.a.: Bedrohte Völker. Ein Lexikon nationaler und religiöser Minderheiten, ^{3}1994 (bsr 303), Ethnische Minderheiten in Europa, 1995 (bsr 1115), Tibet ^{2}1996 (bsr 824), Birma 1997 (bsr 870), Estland 1999 (bsr 881).

Klemens Ludwig

Lettland

Verlag C. H. Beck

Mit 21 Abbildungen und 1 Karte

Alle Abbildungen ohne Quellenangabe
mit freundlicher Genehmigung des Lettischen Fremdenverkehrsamtes

---

Die Deutsche Bibliothek – CIP-Einheitsaufnahme

Ludwig, Klemens:
Lettland / Klemens Ludwig. – Orig.-Ausg. – München :
Beck, 2000
  (Beck'sche Reihe ; 882 : Länder)
  ISBN 3 406 44782 1

Originalausgabe
ISBN 3 406 44782 1

Umschlagentwurf: + malsy, Bremen
Umschlagbilder: Seite 1: Jugendstilmotiv, Riga. – Foto: Paul Mahrt
Seite 2: Freiheitsdenkmal in Riga – Foto: Klemens Ludwig
Seite 3: Storch – Foto: Lettisches Fremdenverkehrsamt
C. H. Beck'sche Verlagsbuchhandlung (Oscar Beck), München 2000
Gesamtherstellung: Kösel, Kempten
Gedruckt auf säurefreiem (alterungsbeständigem) Papier
(hergestellt aus chlorfrei gebleichtem Zellstoff)
Printed in Germany

INHALT

Ein kleines Volk an der Schnittstelle zweier Kulturen 7

LAND UND LEUTE

Lettland in Zahlen 12 · Flora und Fauna 14 · Die ersten Siedler 16 · Seßhaftwerdung und Handelskontakte 18 · Die alte Götterwelt 21 · Traditionelle Überlieferungen 25

GESCHICHTE

Im Schatten der Großmächte 30

Das Ende des goldenen Zeitalters 30 · Gefahr aus dem Südosten 31 · Die deutsche Missionierung 32 · Kriegerische Expansion 34 · Der Deutsche Orden 37 · Der Livländische Krieg 40 · Die russische Herrschaft 41 · Aufstand der Arbeiter 45 · Die lettischen Schützen 46 · Ein neuer Staat 47 · Ringen um Demokratie 51 · Zwischen Hammer und Amboß 52 · Langsame Entstalinisierung 57 · Neue Hoffnung 58

Von der Gründung Rigas bis zum Hitler-Stalin-Pakt:
Deutsche Spuren in Lettland 61

Erfolgreiche Christianisierung 61 · Populärer Pietismus 63 · Der Landadel und die Hanse 64 · Beitrag zur Emanzipation 66 · Deutscher und russischer Chauvinismus 68 · Hoffnung auf Deutschland 69 · Der Erste Weltkrieg 71 · „Heim ins Reich" 71 · Die verbliebenen Deutschen 73

POLITIK UND WIRTSCHAFT

Lettlands Weg ohne den „großen Bruder" 76

Aufnahme in die Staatengemeinschaft 76 · Langwieriger Rückzug 77 · Streitpunkt Staatsbürgerschaft 79 · Allmähliche Liberalisierung 80 · Provokationen aus Moskau 82 · Das neue Parlament 83 · Populäre Populisten 85 · Schatten der Vergangenheit 89 · Schwieriger Rechtsstaat 91

Schweres Erbe und neue Perspektiven: Die lettische Wirtschaft 92
Schwieriger Neubeginn 93 · Erste Reformansätze 95 · Die soziale Schere 97 · Zweifelhafte Geschäfte 98 · Der große Bankenkrach 99 · Aus der Talsohle 100 · Auslandsinvestitionen und Handel 101 · Lichtblicke im Umweltschutz 103

Nicht reif für EU und NATO? 106
Imageprobleme 106 · Strategische Vorbehalte 108 · Allmähliches Umdenken 110

KULTUR UND GESELLSCHAFT

Der allgegenwärtige Einfluß der Kultur 114
Die Dainas 114 · Die Alphabetisierung 115 · Die Jungletten 118 · Sozialistische Einschränkungen 122 · Die Sängerfeste 123 · Pop und Folklore: Repression gegen neue Ideen 124 · Die lettische Malerei 126 · Neuorientierung 128

Wandel und Stagnation 129
Zeichen des Aufbruchs 129 · Der Traum vom Aufstieg 130 · Hinter den Fassaden 131 · Letten und Russen 133 · Religiöse Vielfalt 134 · Der alte Geist 136 · Populäre Sportstars 137

Lettland für Touristen 138
Reiseziele auf eigene Faust 139 · Der Weg ins Land 142 · Vertraute Kultur 144

ANHANG

Lettland auf einen Blick 148
Zeittafel 149
Nützliche Adressen 152
Lettland im Internet 154
Literaturhinweise 155
Register 159
Karte 165

Ein kleines Volk an der Schnittstelle zweier Kulturen

Völker, die an geographisch günstig gelegenen Orten siedeln, haben zwei Möglichkeiten. Entweder sie werden selbst zu einer Großmacht, oder sie sehen sich den Begehrlichkeiten anderer Großmächte ausgesetzt. Lettland ist im Laufe seiner Geschichte nie zu einer Großmacht geworden. Dagegen müssen seine Bewohner seit Jahrhunderten die Erfahrung machen, daß andere Völker Interesse an ihrem Land haben. Dennoch haben sie ihre Identität bewahrt. Das ist umso bemerkenswerter, als die Lettinnen und Letten an der Schnittstelle der germanischen und slawischen Kultur im Nordosten Europas leben, deren Begegnung selten rein friedlicher Natur war.

In gewisser Weise verbindet das lettische Siedlungsgebiet seit zwei Jahrtausenden den Norden mit dem Süden Europas. Die Römer waren interessiert an den kostbaren Bernsteinvorkommen, während die aufstrebenden Reiche Skandinaviens das Gebiet als Ausgangspunkt für die Suche nach Märkten und Eroberungen im Süden benutzten. Vor etwa 800 Jahren begann der direkte Zugriff auf das Land durch die umliegenden Großmächte. Wikinger und Schweden, Deutsche und Russen – sie alle benutzten das Gebiet, um ihren Einfluß auszuweiten. Die eigenständige Kultur der dort lebenden Menschen hat sie nur am Rande interessiert. Der letzte große Handel über die Köpfe der Letten hinweg, der diese Kultur bis an den Rand der Vernichtung brachte, war der unselige Hitler-Stalin-Pakt vom September 1939. Er machte der Sowjetunion den Weg frei für die Annexion des Landes. In deren Folge sank der lettische Bevölkerungsanteil nach dem Zweiten Weltkrieg von 75% auf 52%. Doch die Sowjetunion hatte letztlich wenig davon, das kleine, auf seine Eigenständigkeit bedachte Volk derartig zu demütigen. In Lettland, wie auch im übrigen Baltikum, wurden die Forderungen des letzten sowjetischen Präsidenten Michael Gorbatschow nach Offenheit (Glasnost) und Umgestaltung (Perestroika) besonders ernst genommen. Die Balten eröffneten sich dadurch nicht nur selbst die Möglichkeit, historisches Unrecht endlich zu beseitigen; ihr entschlossener, mutiger und gewaltfreier Weg dorthin hatte auch entscheidenden Einfluß auf den Zerfall der Sowjetunion. Auch wenn der Widerstand in Lettland nicht so spektakulär und bisweilen laut war wie in Litauen, hat er dennoch dasselbe Ziel erreicht.

Der Widerstand gegen die Annexion gründete sich aber nicht nur in deren gewaltsamer Natur. Er hat ganz wesentlich auch etwas mit der lettischen Identität zu tun. Die Letten haben sich immer eher Westeuropa als Osteuropa zugehörig gefühlt. Berlin und Paris waren die Zentren, an denen sich das kulturelle Leben während der ersten Epoche der Unabhängigkeit orientierte. So hat das vom estnischen Präsidenten Lennart Meri geprägte Schlagwort von der „Rückkehr nach Europa" auch in Lettland großen Widerhall gefunden. Für ein multikulturelles und weltoffenes Europa ohne die Dominanz einiger großer Länder kann es nur nützlich sein, daß auch ein kleiner Staat wie Lettland als Teil der europäischen Familie verstärkt ins Bewußtsein gerufen wird. Wenn die spezifischen historischen Erfahrungen und kulturellen Traditionen der Lettinnen und Letten über die Landesgrenzen hinaus bekannt werden, dann wächst auch das Verständnis für das Lebensgefühl der Menschen, für ihre Hoffnungen und Befürchtungen.

Zu den ernüchternden Erfahrungen der Letten im Zuge der neuen Freiheit zählt allerdings die Erkenntnis, daß viele Menschen in Westeuropa ihrem Land wenig Beachtung schenken. Das gilt nicht zuletzt für den langjährigen Bundeskanzler Helmut Kohl, der sich als Vater der deutschen Wiedervereinigung gern auf historische Zusammenhänge berufen hat. In 16 Dienstjahren hat er nur einmal Riga besucht – und das anläßlich des Ostsee-Gipfels im Januar 1998. Ein offizieller Staatsbesuch stand zum Bedauern der Balten nie auf dem Programm. Das verbot wohl die Rücksicht auf den russischen Präsidenten Jelzin, den Kohl immer als seinen Freund bezeichnet hat.

Eine solche Haltung offenbart kein großes historisches Verständnis, denn Deutschland ist seit Jahrhunderten auf besondere Weise mit dem Land an der Ostsee verbunden; es waren Deutsche, die die dortige Entwicklung maßgeblich mitgestaltet haben – im Guten wie im Schlechten. Neben adeligen Gutsherren, die ihre lettischen Leibeigenen wie Menschen zweiter Klasse behandelten, leisteten Pastoren und Lehrer einen wichtigen Beitrag zum Überleben der lettischen Kultur. Das ist im Land nicht vergessen. Der gute Ruf, den Deutschland heute genießt, hat nicht nur etwas mit der Abgrenzung gegenüber Rußland zu tun. Deutsche Politiker sollten jedoch nicht vergessen, daß sie durch den Hitler-Stalin-Pakt eine besondere Veranwortung für die Freiheit Lettlands tragen. Dem ist in der Vergangenheit nicht immer Rechnung getragen worden.

Doch nicht nur die Politiker entscheiden, ob Lettland wieder den Platz in der europäischen Familie einnehmen kann, der ihm angesichts seiner Geschichte und Kultur zusteht. Das Bewußtsein der Menschen ist dafür ebenso entscheidend. Dazu soll dieses Buch einen kleinen Beitrag leisten. Die Lettinnen und Letten sind ausgesprochen neugierig und interessiert an Deutschland und den anderen mitteleuropäischen Staaten. Die Neugierde und das Interesse an Lettland hierzulande können dagegen noch wachsen. Das kleine Volk an der Schnittstelle zweier Kulturen hat dem gemeinsamen Haus Europa viel zu bieten.

Noch eine Bemerkung zu den Ortsnamen. Aufgrund der langen deutschen Dominanz gibt es neben den offiziellen lettischen Bezeichnungen zumeist auch eine deutsche Version, wie zum Beispiel Windau für die Hafenstadt Ventspils oder Düna für den Schicksalsfluß Daugava. In diesem Buch wird in der Regel der offizielle Name benutzt, in dem Beitrag über die deutschen Spuren im Land allerdings der deutsche, ohne damit historische Ansprüche erheben zu wollen.

Blick auf die Daugava (Düna), in der der Held Lāčplēsis im Kampf mit dem Riesen aus der Unterwelt verschwunden sein soll – Foto: K. Ludwig

LAND UND LEUTE

Lettland ist Besuchern aus Westeuropa auf den ersten Blick recht vertraut: alte Städte, durch die der Atem der Geschichte weht, Ruinen, die von einer bedeutenden Vergangenheit künden, dunkle Wälder und Buschwerk, saftige Wiesen und Ackerland. Die flache Landschaft wird immer wieder von Seen und Mooren unterbrochen. Auch klimatisch ist keine nennenswerte Umstellung nötig. Dennoch besitzt das Land auf eine gewisse Art auch den Reiz der Fremde. Abseits der Hinterlassenschaften der sowjetischen Besetzung in Form von Umweltzerstörung und Ghettosiedlungen hat sich der ursprüngliche Charakter des Landes noch weitgehend erhalten. Die menschlichen Eingriffe reichen bei weitem nicht so weit wie in anderen Teilen Europas.

Lettland in Zahlen

Die Republik Lettland (off.: *Latvijas Republika*) umfaßt 64589 km². Das sind 1201 km² weniger als zwischen den Weltkriegen. Die Stadt Abrene (dt. Abrehnen) bei Pskov im Osten wurde nach der Besetzung der Russischen Sozialistischen Föderativen Sowjetrepublik zugeteilt. Als Lettland seine Unabhängigkeit wiedererlangt hatte, war Moskau nicht bereit, das Gebiet zurückzugeben. Dadurch ist das Land nur noch der zweitgrößte der baltischen Staaten, 412 km² kleiner als Litauen. Die Fläche übertrifft jedoch deutlich Länder wie Dänemark, die Schweiz, die Niederlande oder Belgien. Mit 2,49 Millionen Bewohnern ist das Land recht dünn besiedelt; 39 Einwohner leben im Durchschnitt auf einem km²; zum Vergleich: in Deutschland sind es 229. Das Staatsgebiet erstreckt sich zwischen 55°45' und 58°05' nördlicher Breite und 20°58' und 28°20' östlicher Länge. Von West nach Ost beträgt die größte Ausdehnung 450 km, von Nord nach Süd 210. Lettland hat eine gemeinsame Grenze mit Litauen im Süden, Weißrußland im Südosten, mit Rußland im Nordosten sowie mit Estland im Norden. Im Westen wird das Land durch die Ostsee und die Rigaer Bucht begrenzt. 26 Distrikte und 7 kreisfreie Städte bilden die Basis für die administrative Einteilung. Kulturhistorisch gibt es vier Provinzen, die noch heute im Bewußtsein der Menschen eine wichtige Rolle spielen, auch wenn sie nicht mehr ganz mit den heutigen Distriktgrenzen übereinstimmen: Kurland (Kurzeme) im Westen, Livland (Vidzeme) im Norden, Lettgallen (Latgale) im Osten sowie Semgallen (Zemgale) im Südosten und in der Mitte.

Die geologische Struktur des Landes begann sich vor 400 Millionen Jahren während der sogenannten Devonischen Epoche, der mittleren Periode des Paläozoikums (der alten Erdzeit), herauszubilden. Davon zeugen Ablagerungen aus Kalk, Sandstein, Tonschiefer und Gips. In jüngerer erdgeschichtlicher Zeit haben drei Eiszeiten mit ihren Zwischenperioden das Bild des Landes weiter geprägt. Die letzte endete vor etwa 12000 Jahren. Sie bedeckte Nordosteuropa bis zu einer Linie Berlin – Warschau – Kiew. Mit dem Rückzug der Gletscher blieben im Westen und Norden des Landes arme Sand- und Kiesböden, in der Mitte aber rote, fruchtbare Erde zurück. Zu den natürlichen Reichtümern zählen außerdem Bernstein, Torf, Braunkohle und mineralische Heilquellen.

Insgesamt zeichnet sich Lettland durch eine beachtliche landschaftliche Vielfalt aus. An der Rigaer Bucht gibt es Sandstrände, im Westen dominieren traditionell Nadelwälder, die zum Landesinneren hin in Mischwälder übergehen. Zahlreiche Hoch- oder Torfmoore und Seen durchziehen das Territorium. Ihre Entstehung geht auf die letzte Eiszeit zurück. Den Kern des Landes bildet die Semgaller Ebene, traditionell die Kornkammer und reichste Provinz Lettlands. Sie ist aufgrund der landwirtschaftlichen Nutzung am meisten von menschlichen Eingriffen geprägt und damit auch am eintönigsten. Nach Norden und Osten hin erstreckt sich eine leicht hügelige Landschaft, die auf 311 m bzw. 289 m ansteigt. Im Osten sind die Seen am zahlreichsten.

Von prägender Bedeutung für die Kulturgeschichte des Landes ist der Fluß Daugava (Düna). Er entspringt auf den Waldai-Höhen nahe der Wolgaquellen, durchquert Lettland von Ost nach West und mündet nach insgesamt 1020 km in die Rigaer Bucht. Andere wichtige Flüsse sind die Venta (Windau), die bei Ventspils in die Ostsee mündet, sowie die Lielupe (Kurländische Aa), die mit der Daugava in die Rigaer Bucht fließt. Beide haben ihre Quellen in Litauen. Ganz lettisch ist die Gauja (Livländische Aa), die auf den kurländischen Höhen entspringt, zunächst Richtung Norden fließt, ein Stück die Grenze zu Estland bildet und sich schließlich wieder nach Südwesten der Rigaer Bucht zuwendet. Dabei legt sie 450 km zurück, obwohl Quelle und Mündung nicht einmal 100 km auseinanderliegen.

Flora und Fauna

Auch nach der Eiszeit blieben die klimatischen Bedingungen so, daß nur besonders zähe und anspruchslose Pflanzen und Tiere überleben konnten. In ganz Nordost-Europa herrschten subarktische Bedingungen, ähnlich wie heute im Süden Grönlands oder in der sibirischen Tundra. Birken und Buschwerk, Rentiere, Schneehasen und Birkhühner paßten sich dem Klima am besten an. Etwa im siebten vorchristlichen Jahrtausend löste die boreale Klimaphase die subarktische ab. Es wurde wärmer und feuchter. Die Tundra ging zurück, und stattdessen breiteten sich Kiefern-, Fichten- und Birkenwälder aus. In ihnen fanden Wildschweine, Rehe, Auerochsen sowie verschiedene Vogel- und Insektenarten geeignete Lebensbedingungen.

Eine weitere starke Veränderung folgte drei Jahrtausende später. Als Folge des immer trockener werdenden Klimas wich der Wald vielerorts einer Steppenlandschaft, in der Eichhörnchen, Marder, Braunbären und Pferde existieren konnten. Um 900 vor unserer Zeitrechnung nahm das Klima die heutigen Werte an. Es liegt zwischen dem strengen kontinentalen Bereich mit heißen Sommern und sehr kalten Wintern und dem milderen maritimen Klima des nördlichen Mitteleuropa. Im Juli, dem heißesten Monat, beträgt die Durchschnittstemperatur 17,5 °C. Die Sommer sind relativ regenreich, übers Jahr hinweg liegt die Niederschlagsmenge jedoch nicht höher als in anderen nordeuropäischen Ländern. Die übrigen Jahreszeiten sind eher trocken. Besonders beliebt ist der üppige Frühling sowie der zumeist milde Herbst, der das Land in eine bunte Farbenpracht taucht. Im schneereichen Winter fallen die Temperaturen im Schnitt auf − 4,3 °C, doch werden auch Spitzenwerte von − 30 °C erreicht. Durch die nördliche Lage ist es im Sommer täglich 17 Stunden, im Dezember und Januar dagegen nur ca. sieben Stunden hell.

Im Laufe der Geschichte haben die Menschen das Landschaftsbild grundlegend verändert. Daran ändert auch die Tatsache nichts, daß sich die Eingriffe der letzten Jahrzehnte in Grenzen hielten. Bereits in vorgeschichtlicher Zeit wurden Wälder gerodet und in Äcker und Wiesen umgewandelt. Etwa 40% der Gesamtfläche sind heute noch von Wäldern bedeckt. Früher war der Wald in Nordosteuropa recht artenreich. Ahorn, Birken, Eiben, Eichen, Erlen, Eschen, Espen, Fichten, Kiefern, Linden, Wacholder, aber auch verschiedene Sorten von Busch-, Gras- und Rohrpflanzen zählen zur ursprünglichen Vegetation. Dazu kommen Pilze, Nüsse und Beeren. Heute beherrschen Fichten- und andere Nadelwälder das Bild.

In der Mythologie und den vorchristlichen Religionen nehmen Buchen und Eichen einen wichtigen Platz ein, auch wenn sie nicht so verbreitet sind wie in Mitteleuropa. Sie galten als heilige Bäume und wurden auf Bildern und in Gedichten häufig dargestellt. Der Wald erfreute sich als Refugium für mythische Gestalten und Heldenfiguren einer besonderen Achtung und Schonung.

In der Abgeschiedenheit des Landes fanden manche seltene Tierarten den nötigen Schutzraum. Dennoch ist die Tierwelt insgesamt relativ artenarm. Den größten Teil stellen die Insekten mit 14000 Spezies. Die Vögel folgen mit etwa 400 Arten, die Säugetiere mit 70, die Fische mit 30 und die Amphibien mit 10. Für die Vögel ist Lettland mit seinen vielen Gewässern und unerschlossenen Gebieten ein Paradies. Auffällig ist die große Zahl der Störche; sogar die seltenen Schwarzstörche sind noch vereinzelt anzutreffen. Das bereits ausgestorbene Rebhuhn konnte im Gauja-Nationalpark wieder angesiedelt werden. Zu den Fischen gehören Aale, Barsche, Hechte, Heringe, Kabeljau, Karpfen, Lachse und Sardinen. Die meisten Säugetiere sind Waldbewohner. Manche wie Biber, Hirsche, Wölfe oder Luchse standen bereits kurz vor der Ausrottung, doch konnten ihre Bestände durch Schutzmaßnahmen und gezielte Wiederansiedlung stabilisiert werden. Auch dabei hat der Gauja-Nationalpark eine wichtige Rolle gespielt. Ausgestorben sind jedoch Bären, Auerochsen, Wisente, Elche und Wildpferde, die früher in den lettischen Wäldern und Steppen eine Heimat hatten. In ländlichen Gebieten ist die Haustierhaltung weit verbreitet, schon um sich von der allgemeinen Versorgungslage unabhängiger zu machen. Die Viehzucht konzentriert sich weitgehend auf Rinder, Schweine und Schafe.

Die ersten Siedler

Die ältesten menschlichen Spuren in Nordosteuropa gehen ins Paläolithikum (Altsteinzeit) vor 12000–10000 Jahren zurück. Mit dem Rückgang der Gletscher nach der letzten Eiszeit und der Ausbreitung subarktischer Bedingungen haben sich, wie erwähnt, besonders zähe Säugetiere wie Schneehasen und Rentiere im Land ausgebreitet. Auch die Pflanzenwelt bot ein größer werdendes Nahrungsangebot in Form von Beeren, Früchten und Wurzeln. Angesichts dieser Veränderungen gelangten nomadische Gruppen schon früh in das Gebiet des heutigen Lettland. Über ihre gesellschaftliche Struktur ist nicht viel bekannt. Gewöhnlich werden sie – wie die anderen steinzeitlichen Völker – als Jäger- und Sammlerkulturen bezeichnet. Dieses Bild wurde von Forscherinnen wie Prof. Heide Göttner-Abenroth, Prof. Marie König oder Prof. Marija Gimbutas in den vergangenen Jahrzehnten grundlegend in Frage gestellt. Ihre Untersuchungen haben ergeben, daß vermutlich in erster Linie die Frauen als Sammlerinnen für den Lebensunterhalt der Gemeinschaft zuständig waren. Die Jagd leistete zwar ihren Beitrag, für den täglichen Bedarf war sie jedoch viel zu aufwendig. So wird deshalb auch von Sammlerinnen- und Jäger-Gesellschaften gesprochen.

Auf jeden Fall waren die ersten Bewohner Lettlands in der Lage, Werkzeuge und Waffen aus Stein, Knochen und Horn sowie Schmuck aus Tierknochen und -zähnen anzufertigen. Vermutlich hatten sie Kontakt zur Magdalénien-Kultur, die allgemein als Höhepunkt und Abschluß der eiszeitlichen Entwicklung in West- und Mitteleuropa gilt. Aus dieser Epoche von 15000–9000 vor unserer Zeitrechnung stammen zahlreiche Felsbilder. Im baltischen Siedlungsraum entstand in der Endphase dieser Epoche die Świdry-Kultur, benannt nach einem Fundort südwestlich von Warschau. Von dort gibt es jedoch keine direkte Verbindung zu den baltischen Völkern. Gruppen in Küstennähe oder an Seen erweiterten ihr Nahrungsangebot durch Fischfang. So kam es am Ende des Mesolithikums (mittlere Steinzeit) zu ersten festen Siedlungen nahe der Gewässer.

Damals breitete sich die Kunda-Kultur an der Ostseeküste aus, die wohl auch mit Elementen der untergehenden Świdry-Kultur assimilierte. Sie ist nach einem Ort im Nordosten von Estland benannt. Zu den vorgeschichtlichen Siedlern zählten auch die Menschen der Memel- und Narva-Kultur, von denen zahlreiche archäologische Funde erhalten sind. Die steinzeitlichen Siedler entwickelten die Kamm-Keramik, die ihren Namen von einer typischen Ornamentik erhielt.

Die ersten Siedler, deren Spuren bis in die heutige Zeit hineinreichen, waren finno-ugrische Völker, die etwa um 4000 vor Christus das Baltikum erreichten. Sie sind die Vorfahren der heutigen Esten.

Die eigentlichen Balten wanderten knapp 2000 Jahre später von Südwesten kommend in ihre heutige Heimat ein. Die bereits erwähnte litauische Archäologin Prof. Marija Gimbutas setzt sie mit der sog. Schnurkeramik-Kultur in Verbindung. Mit Sicherheit bilden die baltischen Völker einen eigenständigen Zweig innerhalb der indo-europäischen Sprachfamilie und gehören nicht zu den Slawen, wie früher vermutet worden war. Ihre genaue Herkunft liegt allerdings im Dunkeln. Manche Theorien gehen so weit, daß sie eine direkte Abstammung aus dem nordindischen Punjab-Gebiet vermuten. Genährt wird diese Hypothese dadurch, daß von allen indo-europäischen Sprachen das Litauische die größte Verwandtschaft zum Sanskrit aufweist, während sich das Lettische wahrscheinlich später entwickelt hat.

Marija Gimbutas, die zu den wichtigsten Erforschern der vorgeschichtlichen osteuropäischen Kulturen zählt – auch wenn ihre Methode von manchen konservativen Kollegen noch immer nicht die angemessene Beachtung erfährt –, schreibt zur Entstehung der baltischen Kultur: „Jüngste Forschungsergebnisse deuten darauf hin, daß sich die indoeuropäische Kultur im Südosten des Baltikums durch die Einfügung der angestammten Narva-Kultur herausbildete. Im oberen Memel-Einzugsbereich muß es zu einer ähnlichen Verschmelzung gekommen sein, die aber durch systematisch freigelegte Siedlungsstätten noch nicht in diesem Maße belegt werden kann. Man vermutet weiter, daß die ansässige Bevölkerung im Ostbaltikum, die Träger der Narva-Kultur, in dieser Periode, so um 2500 v. Chr., allmählich die indoeuropäische Sprache annahm, daß aber ihr angestammtes Idiom die Weiterentwicklung des Urbaltischen beeinflußt haben muß." (M. Gimbutas: 1991, S. 61/62)

Ausgerüstet mit Streitäxten waren die baltischen Einwanderer den Finno-Ugriern sowie den anderen steinzeitlichen Kulturen

Land und Leute 17

> **Die Liven – ein finno-ugrisches Volk in Lettland**
>
> Im äußersten Nordosten der kurischen Halbinsel gibt es einige Fischerdörfer, in denen vermutlich noch etwa 50–60 Menschen die livische Sprache sprechen. 140 bekennen sich im Paß zur livischen Identität. Die Liven sind das westlichste der finno-ugrischen Völker. Sie leben länger im Gebiet des heutigen Lettland als alle baltischen Völker. Die deutsche Kolonisierung, der Nordische Krieg, eine zur selben Zeit wütende Pest, die deutsche Invasion im Ersten Weltkrieg und schließlich die sowjetische Besetzung, die ihr Territorium zum Sperrgebiet erklärte, waren die Meilensteine auf dem Weg ihrer Assimilierung. In der nach ihnen benannten Provinz Livland gibt es sie schon seit der Mitte des 19. Jahrhunderts nicht mehr. In Kurland lebten um die Jahrhundertwende noch knapp 4000. Während der ersten Unabhängigkeit erlebten sie eine gewisse Blüte, weil ihre Sprache und Kultur vom lettischen Staat gefördert wurden. Ähnliches geschieht heute, doch könnte es bereits zu spät sein. Die Regierung in Riga hat das Land der Liven zum „besonders schutzwürdigen kulturgeschichtlichen Territorium", *Livod Randa* (lett. *Libiesu krasts* = livische Küste) erklärt. 1988 wurde eine „Livische kulturelle Union" gegründet, die an Sonntagsschulen die eigene Sprache unterrichtet. Es gibt jedoch zwei große Probleme, die ungeachtet der Förderung die Zukunft des Livischen skeptisch erscheinen lassen: Die Sprache hat ihren praktischen Nutzen im Alltag verloren. Sie wird allenfalls noch als Hobby gepflegt, und die schwierige wirtschaftliche Lage läßt die Menschen andere Prioritäten setzen.

überlegen. Sie drängten diejenigen, die nicht assimiliert wurden, nach Norden und zum Teil über die Ostsee zurück. Ihre Nachfahren bilden heute in Finnland das Staatsvolk. Die Balten gliederten sich bis zur germanischen und slawischen Kolonisierung in drei Hauptgruppen: die Pruzzen im Westen, die Litauer und die Letten im Osten. Die Pruzzen sind im 17. Jahrhundert ausgestorben. Die Letten unterteilen sich wiederum in vier Gruppen: die Lettgaller (Hochletten), die Semgaller (Niederletten), die Kuren und die Selen.

Seßhaftwerdung und Handelskontakte

Die Urbalten führten den Ackerbau in Form von Brandrodungsfeldbau sowie Viehzucht als Wirtschaftsformen in ihrer neuen

Heimat ein. Gleichzeitig machten die Finno-Ugrier sie mit der Seefahrt vertraut. Durch den Austausch kam es allmählich zu einer Angleichung zwischen der baltischen und der finno-ugrischen Kultur im Alltag, wenn auch jede ihre eigene Sprache beibehielt. Aus der Bronzezeit, etwa ab dem Jahr 1000 vor unserer Zeitrechnung, stammen Hügelgräber. Sie sind ein Hinweis auf den Wandel vom Nomadentum zur Seßhaftigkeit, denn derartig aufwendige Bestattungsorte, in denen mehrere Generationen begraben wurden, konnten nicht von umherziehenden Gruppen angelegt werden.

Ein weiterer Einschnitt in die alte baltische Gesellschaft begann mit der älteren Eisenzeit um 700 v. Chr. Ihre markanteste Ausformung fand sie in Europa in der Hallstatt-Kultur. Diese bezeichnet v. a. frühkeltische Völker, die den Gebrauch von Eisen als Nutzmetall und die Gewinnung von Salz beherrschten. Dadurch hatten die Träger der Hallstatt-Kultur eine gewisse militärische Überlegenheit und brachten es zu erheblichem Wohlstand, wovon Beigaben in Fürstengräbern wie goldene Gefäße, Kelche oder Waffen Zeugnis ablegen. Das Verbreitungsgebiet der Hallstatt-Kultur, die etwa bis 450 v. Chr. bestand, lag zwischen dem Rhein und dem Balkan. Spuren in Form von Ketten, Halsbändern, Ohrringen und Armreifen finden sich auch im Baltikum, das nicht zu ihrem Verbreitungsgebiet gezählt wird. Offenbar bestand also ein reger Handelskontakt, der eine grundlegende Veränderung der alten baltischen Gesellschaft auslöste. Die Träger der Hallstatt-Kultur waren am Bernstein interessiert, der nirgendwo so zahlreich zu finden ist wie im Bereich der östlichen Ostsee.

Bernstein ist das erhärtete Harz von Nadelbäumen aus dem Tertiär vor etwa 70 Millionen Jahren, das in verschiedenen Farben vorkommt. Er wurde gerne als Schmuck, aber auch im kultischen Bereich verwendet. Der Handel bescherte den Balten einen gewissen Wohlstand, so daß sie nicht länger nur auf die Subsistenzwirtschaft angewiesen waren.

Mit dem Untergang der Hallstatt-Kultur endete das Interesse am Bernstein keineswegs. Das begehrte Gut gelangte auf Handelsrouten entlang der Flüsse bis ans Schwarze Meer, nach Griechenland und Italien. Andere in Süd- und Mitteleuropa begehrte Güter aus dem Baltikum waren Zobelpelze und sonstige Felle, Bienenhonig und -wachs, Flachs, Hanf sowie Getreide. Im Ge-

> **Tacitus über die Balten**
>
> „Jenseits (nördlich) der Suionen liegt noch ein anderes Meer, träge und fast reglos; daß dieses den Rand und Abschluß des Erdenrunds bildet, wird bestätigt durch die Beobachtung, daß der letzte Schein der bereits sinkenden Sonne in solcher Helle bis zum Wiederaufgang anhält, daß die Sterne vor ihm verblassen. Außerdem, so fügt der Volksglaube hinzu, hört man das Tönen der emportauchenden Sonne und sieht die Umrisse der Pferde und das Strahlenhaupt (des Sonnengottes). Bis dahin nur – die Kunde ist zuverlässig – geht die Schöpfung.
>
> An der rechten (östlichen) Küste reichen die Fluten des Suebischen Meeres bis zu den Stämmen der Ästier, die das Brauchtum und das Erscheinungsbild der Sueben haben, deren Sprache aber der britannischen näher steht. Sie verehren die Göttermutter. Als Wahrzeichen ihres Glaubens tragen sie Nachbildungen von Ebern; ein solches Zeichen ist wie eine Waffenrüstung und wie ein Schutz gegen alles Unheil und macht den Verehrer der Göttin auch inmitten von Feinden gefeit."
>
> Aus: Tacitus, „De origine et situ Germanorum", Kap. 45

genzug erhielten die Menschen an der Ostseeküste Salz, Bronze, Kupfer, Waffen, Geräte sowie Gold- und Silbermünzen. Mit dem Römerreich erlebte dieser Austausch seinen Höhepunkt. Für die reichen Bürger Roms galt es als besonderes Statussymbol, sich Schmuck oder Gegenstände aus Bernstein leisten zu können.

Der wachsende Wohlstand und die sozialen Veränderungen im Baltikum führten zu einer Zunahme der Bevölkerung. Die Epoche der mittleren Eisenzeit etwa von 100–400 nach unserer Zeitrechnung gilt als das „goldene baltische Zeitalter". Während dieser Zeit vollzog sich die endgültige Seßhaftwerdung. Im Gegensatz zu den anderen baltischen Völkern spielten die Dorfgemeinschaften bei den Letten keine so große Rolle. Der Einzelhof (lett. *pagast*) bildete das Rückgrat der Gemeinschaft. Gleichzeitig erlangte die Familie schon früh eine bedeutende Rolle. Hochzeiten dauerten häufig drei bis fünf Tage, wobei es ausgeklügelte Riten bei der Brautentführung und ihrer ‚Einlösung' durch eine beträchtliche Mitgift gab. Bei der Partnerwahl spielte die Frau selbst eine aktive Rolle. Viele alte Überlieferungen berichten von ausgesprochen wählerischen Frauen, die ihre Freier immer wieder abblitzen ließen, bis sie den Richtigen gefunden hatten. Die Geburt eines Kindes galt als das größte Glück, der Tod als größtes Leid. Die Hochzeit war die Verbindung von Geburt und Tod. Bei den verschiedenen Feierlichkeiten wurde reichlich Bier konsumiert, doch war der Alkoholgenuß vermutlich auf ganz bestimmte und zeitlich begrenzte Anlässe beschränkt.

Durch die Seßhaftwerdung und den engeren Kontakt mit anderen patriarchalen Völkern ging der Einfluß der Frauen zurück. Ihr wichtiger Beitrag für die Ernährung der Gemeinschaft war weitgehend zurückgedrängt geworden. Im Handel gelang es ihnen nicht, Fuß zu fassen, vor allem, weil sie von den Partnern in den Mittelmeerkulturen nicht akzeptiert wurden. Somit wurden sie auf den privaten Raum verwiesen und in der Erbfolge gegenüber den Männern zurückgestellt. Allerdings erhielten sie bei der Heirat von ihrer Familie alles, was sie benötigten: Töpfe, Stoffe, Felle, Decken usw. Die Frauen haben sich jedoch, ungeachtet der gesellschaftlichen Veränderungen, niemals vollständig aus dem öffentlichen Leben verdrängen lassen.

Etwa ab dem fünften nachchristlichen Jahrhundert verstärkte sich die soziale Differenzierung. Aus den „Ältesten", den gewählten Vertretern mehrerer Einzelhöfe, wurden allmählich – wohl früher als bei den Esten – kleine Landesfürsten, die ihre Privilegien an ihre Söhne weitergaben. Zum Aufbau eines hierarchischen Staatswesens wie im Mittelmeerraum kam es jedoch nicht. Dafür sorgten nicht zuletzt skandinavische, ostslawische und später germanische Völker, die seit dem 6. Jahrhundert im Baltikum auftauchten. Sie läuteten eine neue Epoche in der baltischen Geschichte ein, eine Epoche von Unterdrückung und Freiheitskriegen.

Die alte Götterwelt

Wie bereits erwähnt, war die traditionelle baltische Kultur von großem Respekt vor der Natur und ihren Gesetzen geprägt. So war auch die Götterwelt eng mit der Natur und den Anforderungen im Überlebenskampf verbunden.

Während der langen Epoche der Subsistenzwirtschaft waren die Menschen auf Sonne, Wind und Regen angewiesen. Daraus entwickelten sich Fruchtbarkeitsriten, in denen die Elemente eine wichtige Rolle spielten. Einige dieser Rituale haben sich bis in die heutige Zeit hinein erhalten. Die Sommersonnenwende wird mit großen Feierlichkeiten, Gesang und Lagerfeuern begangen. Die Feuerstätten sind mit Girlanden aus Blumen und Eichenblättern geschmückt. Allerdings wurde daraus auch im Baltikum im Zuge der Christianisierung das heutige Johannisfest.

Für die Zeremonien errichtete man eigens Kultplätze oder hölzerne Tempel. Zudem kannten die Balten einen mythischen Weltenbaum, der wie ein überdachter Holzpfahl aussah und mit den Symbolen der wichtigsten Gottheiten verziert war.

In den alten Überlieferungen spielt die Trinität eine wichtige Rolle. Die Götterwelt wird von einem Dreigestirn bestimmt: einem weisen Vater, der das Universum beherrscht; einer weiblichen Muttergottheit, die das Leben spendet, sowie einer Schicksalsgöttin, an die sich die Menschen in alltäglichen Dingen wenden können. Sie heißen Dievs, Māra und Laima. Dievs als Gottvater repräsentiert den spirituellen Bereich. Er ist der Schöpfer des Universums, und ihm begegnen die Menschen mit großem Respekt. Da er jedoch das All regiert und unerreichbar ist, spielte er in der täglichen Praxis der Volksreligion keine so bedeutende Rolle. Māra, der Erdmutter, obliegt der Schutz der Natur. Im Laufe der Kulturgeschichte wurde sie auch zur Schutzgottheit der Landwirtschaft. Es gibt in der Natur 60 Manifestationen der Erdmutter Māra: als Mutter der Bäume, Mutter des Waldes, Mutter der Milch usw. Laima, die Schicksalsgöttin, vervollständigt das Dreigestirn. Sie steht für die geistige Entwicklung, die Reife und den sinnerfüllten Lebensweg. Bei ihr können Ratschläge eingeholt werden, und sie ist in der Volksreligion die populärste dieser drei Figuren. Von ihrem Namen leitet sich auch das Wort für Glück ab (*laime*). Bisweilen erscheint Laima selbst als Dreigestirn, und zwar zusammen mit Karta und Dekla. Alle drei betonen sie die Bedeutung der Harmonie und göttlichen Ordnung für den rechten Lebensweg.

Als individuelle Hausgottheit erfuhr die Schicksalsgöttin zahlreiche Abwandlungen. Unter dem Einfluß des Christentums wurden daraus Hausgeister und Kobolde, die bis in unsere Zeit in den Erzählungen lebendig sind.

Zum Gottvater Dievs existierte ein Gegenpol, Velns, der unter dem Einfluß des Christentums zum Teufel, also der Verkörperung des Bösen, wurde. Ursprünglich war Velns jedoch der zweite Schöpfer, repräsentierte aber mehr die menschlichen und allzumenschlichen Unzulänglichkeiten. Im Gegensatz zu Dievs galt er als Pechvogel, als ewiger Verlierer, der im Grunde das Mitleid der Menschen verdient. Gerade aufgrund seiner Unvollkommenheit erfreute er sich großer Beliebtheit.

Bei den Letten ist die Sonne weiblich und der Mond männlich. Die Sonnengöttin Saule ist eine weitere zentrale Figur in den alten Glaubensvorstellungen. Sie gilt als die himmlische Hauswirtin, aber auch als Bäuerin, was den landwirtschaftlichen Charakter der alten lettischen Gesellschaft reflektiert. Zudem wird Saule mit dem Meer verbunden, in das sie jeden Tag im Westen eintaucht. Dort steht ein Boot für sie bereit. Sie steigt hinein und unternimmt eine geheimnisvolle Reise, die am Morgen im Osten endet, worauf Saule wieder ihren für die Menschen sichtbaren Weg geht. Der Mondgott ist Mēness, eine männliche Gestalt, die bisweilen als Sohn von Saule angesehen wird. Wenn Mēness über den Himmel reitet, sind der Morgen- und Abendstern seine Wagen. Der Mond steht ursprünglich auch für die Einteilung der Zeit. Es gab in vorgeschichtlicher Zeit einen Sonnen- und einen Mondkalender, wovon letzterer vermutlich der ältere war. Der Morgenstern, d.h. die Venus, hat auch noch ein Eigenleben. Sie heißt Auseklis und zählt ebenfalls zur himmlischen Familie. Für ihre Ausritte steht ihr allerdings nur ein Pferd zur Verfügung, das Saule ihr besorgt hat. Die höhergestellten Gottheiten verfügen über zwei bis drei Rösser.

Die Götterwelt der Letten wäre unvollständig ohne Pērkons, den Donnergott. Er steht etwas außerhalb der Götterfamilie und wird von den anderen sogar gefürchtet, weil er besonders mächtig ist. Aus diesem Grund wurde er von den Menschen allerdings besonders verehrt und bei konkreten Anliegen gern angerufen. Von allen alten Göttern hat sich die Erinnerung an Pērkons am lebendigsten erhalten.

Auch viele der Göttersymbole, darunter die Darstellung von Sonne, Mond und Sternen, haben bis heute als Ornamente oder Schmuckanhänger überlebt, doch sind ihre tieferen Inhalte verlorengegangen.

Die alten Religionen vermittelten den Menschen auch ethische Normen. Aus ihnen entwickelte sich ein Gewohnheitsrecht, das

Die Dievturība-Bewegung und ihre spirituellen Wurzeln

Der Kampf um die nationale Unabhängigkeit und Identität hat eine Bewegung populär gemacht, die zu den vorchristlichen Wurzeln der Kultur zurückgeht, die „Dievturība-Bewegung", benannt nach Dievs, der obersten lettischen Gottheit.

Die Ursprünge dieser Bewegung reichen bis zum Beginn der ersten Unabhängigkeit des Landes im Jahre 1918 zurück. Sie entstand als Folkloregruppe, die zunächst nur mündliche Überlieferungen wie Erzählungen und Lieder, aber auch Zeugnisse der materiellen Kultur sammelte. Damit unterschied sie sich vordergründig nicht von Aktivitäten bekannter Künstler wie zum Beispiel Krišjanis Barons oder Emilīs Melngailis. Einige Vertreter, an erster Stelle Ernests Brastinš, gingen jedoch weiter und versuchten, die Mythologie und das Weltbild hinter den Überlieferungen neu zu beleben. Sie beeinflußten damit Intellektuelle und Schriftsteller wie Janis Veselis, dessen Werke zusehends mehr von den vorchristlichen Traditionen geprägt waren. Bei der Mehrheit der Bevölkerung stieß er damit allerdings auf immer weniger Verständnis.

Nach der sowjetrussischen Besetzung traf die staatliche Repression die Vertreter der Dievturība-Bewegung besonders hart. Ernests Brastinš wurde 1940 verhaftet und deportiert. Sein Bruder emigrierte in die USA, wo er mit anderen das Werk fortführte. Sie veröffentlichten dort das theoretische Organ „Labietis" (*labi* = gut). Viele Jahre konnte die Zeitschrift nur heimlich nach Lettland geschmuggelt werden.

Die Zusammenkünfte der Bewegung gleichen äußerlich gewöhnlichen Folkloreveranstaltungen mit Musik, Gesang, Tänzen und Trachten. Das eigene Selbstverständnis geht jedoch darüber hinaus. 1989 hat sich die Bewegung als offizielle Religion deklariert. Das, was für die Christen das neue Testament oder – noch treffender – für die Hinduisten die Veden sind, deren Ursprünge sich auch im Dunkel der Geschichte verlieren, das ist der Schatz der lettischen Tradition für die Dievturība-Bewegung.

sich als nützlich und sinnvoll erwies. Es regelte Streitigkeiten in Eigentums- und Erbangelegenheiten, Tausch- und Geschäftsbeziehungen, bei der Nutzung von Ländereien, bei Diebstahl und anderen Delikten sowie bei der Versorgung von Alten und Kranken. Obwohl diese Rechtsnormen niemals schriftlich fixiert wurden, spielten sie im Bewußtsein der Menschen eine wichtige Rolle.

Selbst die jahrhundertelange deutsche, schwedische und russische Herrschaft konnte sie nicht vollständig auslöschen.

Mit der Gesellschaftsform und der Religion veränderten sich auch die Bestattungsriten, die letzten großen Zeremonien im Kreislauf des Lebens. Die nomadischen Sammlerinnen- und Jägergemeinschaften verbrannten ihre Toten, was aus rein praktischen Gründen naheliegend war. Während der Bronzezeit, als die meisten baltischen Völker bereits seßhaft geworden waren, wurde die Asche in Urnen gefüllt und in Hügelgräbern beigesetzt. Man spricht deshalb von der Urnenfelderkultur. Mit Beginn der Eisenzeit gaben die Menschen die Praxis der Einäscherung allmählich auf und gingen dazu über, die Körper der Verstorbenen zu bestatten. Wertvolle Grabbeilagen in Form von Kleidern, Schwertern, Schilden oder sogar Trinkgefäßen lassen darauf schließen, daß die frühen Balten von einem Weiterleben nach dem Tod überzeugt waren. Marija Gimbutas meint sogar, daß der Glaube an die Wiedergeburt weit verbreitet war.

Traditionelle Überlieferungen

Der reiche Schatz an Mythen, Sagen, Legenden und Märchen ist eine wichtige Quelle, um die Welt der alten Letten verstehen zu können. Diese Überlieferungen schöpfen ihre Themen zumeist aus der Natur. Der Wald bildet ein beliebtes Szenarium, und Tiere spielen eine große Rolle. Darüber hinaus kommen in vielen Sagen Hausgeister, die Nachfahren der früheren Gottheiten, vor, die den Menschen in der Not zur Seite stehen. Viele Überlieferungen sind jedoch auch dunkel und unheimlich, wie das Land, in das die Menschen eingewandert sind. Ein glückliches Ende ist nicht immer eine Selbstverständlichkeit. Typisch ist die Geschichte von Lāčplēsis, dem Bärenreißer, der irgendwann zwischen 600 und 1300 nach Christus gelebt haben soll. Mit seiner historischen Zuordnung nahmen es die Alten nicht so genau, denn die Bedeutung der Überlieferung ist zeitlos. Die literarische Aufarbeitung erfolgte in der zweiten Hälfte des 19. Jahrhunderts. Ein anderer mythischer Riese ist Koknesis, ein Gefährte von Lāčplēsis, der viele gemeinsame Abenteuer mit ihm erlebt. Bei dem nach ihm benannten Ort (dt.: Kokenhusen) soll er zur Errichtung eines Übergangs Baumstämme über die Daugava gelegt und auf der anderen Seite dann eine Burg

Der mythische Held Lāčplēsis, der Bärenreißer

Lāčplēsis wird als Baby von seinen Eltern im Wald ausgesetzt. Dort findet ihn eine Bärenmutter, die ihn aufzieht und mit den Gewohnheiten der Bären und anderer wilder Tiere vertraut macht. Dadurch erhält der Heranwachsende übermenschliche Kräfte, bleibt jedoch gleichzeitig gutmütig und liebenswürdig. Niemals kommt er auf die Idee, seine Fähigkeiten zu seinem eigenen Vorteil einzusetzen. Er nutzt sie vielmehr, um die Menschen vor den wilden Tieren zu schützen, deren guter Freund er ansonsten bleibt.

Seinen Namen erhält er, weil er seinen Ziehvater, den Schloßherrn von Lielvarde, vor einem Bären rettet, indem er das Tier an den Kiefern auseinanderreißt. Darüber hinaus hilft er bei der Ernte und anderen schweren Arbeiten, doch wird seine Unterstützung nicht immer freudig aufgenommen, denn mit seinen ungehobelten Kräften zerbricht er bisweilen die Werkzeuge der Bauern. Am liebsten wirkt er für sich allein, denn dann ist ihm kein Hindernis zu schwer. Solange er über die Gemeinschaft wacht, können die Menschen in Ruhe und Sicherheit leben.

Lāčplēsis' Schicksal nimmt seinen Lauf, als er der schönen Hexe Spidala verfällt. Um seine wahre Liebe Laimdota mit Hilfe seines Freundes Koknesis für sich zu gewinnen, muß er vielen Intrigen der Unterirdischen entkommen. Während er sie sucht, fallen deutsche Ritter in Lettland ein und verwüsten das Land. Lāčplēsis vertreibt sie schließlich und heiratet Laimdota. Ihr Glück ist jedoch von kurzer Dauer, denn bald taucht ein schwarzer Ritter auf, der vom Ruhm des Helden gehört hat und ihn zum Zweikampf auffordert. Er ist der Sohn einer bösen Zauberin und mit den Geheimnissen der Unterwelt vertraut. Seine drei Köpfe sind voller böser Zauberkünste, und er will Lāčplēsis besiegen, um als stärkster Mann der Welt über alle anderen herrschen zu können. Die Mächte der Unterwelt haben ihm ein besonderes Geheimnis anvertraut: die einzigen verwundbaren Stellen von Lāčplēsis sind seine Ohren.

Schwer bewaffnet stehen sich beide am Ufer der Daugava gegenüber. Der Riese aus der Unterwelt zielt immer wieder auf Lāčplēsis Ohren, doch gelingt es dem lettischen Helden, den ersten Kopf des Rivalen abzuschlagen. Bald darauf verliert Lāčplēsis sein erstes Ohr und der Eindringling den zweiten Kopf. Nach vielen Stunden haben beide ihre Schwerter und sonstigen Waffen eingebüßt, aber der Kampf wird dadurch nur noch erbitterter. Eng umschlungen im verzweifelten Ringen stürzen beide schließlich in die reißenden Fluten der Daugava, die sie ins offene Meer treibt. Das ist das letzte, was die Letten von Lāčplēsis sehen. Mit dem Helden und Beschützer verlieren sie bald auch ihre Freiheit. Fremde Völker wandern in ihr Territorium ein.

*Dieser Stein gilt als Bett des mythischen Helden Lāčplēsis –
Foto: K. Ludwig*

errichtet haben, deren Ruine noch heute zu sehen ist. Sie wirkt wie die Ruine einer Wasserburg, doch hat erst die neuzeitliche Stauung der Daugava diesen Eindruck geschaffen.

Über Riga gibt es eine Mythe, die in ähnlicher Form auch in anderen baltischen Städten verbreitet ist. Danach taucht alle 100 Jahre ein Teufel aus der Daugava auf. Er ärgert sich darüber, daß die große Stadt ihm die Ruhe genommen hat. Deshalb will er sie zerstören, doch erst, wenn sie fertiggestellt ist. Also fragt er die Menschen, ob Riga fertig sei. Die Antwort muß immer „Nein" sein, sonst wäre das der letzte Tag von Riga.

Eine andere Geschichte um die Gründung der Hauptstadt ist eine Abwandlung der Christophorus-Sage. Danach trug ein Riese die Menschen über die Daugava, bevor die Stadt gegründet wurde und Brücken gebaut waren. Einmal nahm er einen Knaben mit an das andere Ufer, und da der Kleine offenbar kein Zuhause hatte, ließ er ihn in seiner Hütte schlafen. Am anderen Morgen war das Kind verschwunden und an seiner Stelle lag ein Haufen Goldmünzen. Mit diesem Geld wurde Riga errichtet.

Land und Leute

Blick auf die Altstadt von Riga

GESCHICHTE

Im Schatten der Großmächte

Die großen Veränderungen, die sich im 4. nachchristlichen Jahrhundert in Europa vollzogen, erreichten mit einiger Verzögerung auch das Baltikum. Die germanische Völkerwanderung, ausgelöst durch den Hunneneinfall 375 sowie eine Verschlechterung der wirtschaftlichen Lage und die Hoffnung auf Beute im reichen Rom, führte zu einer grundlegenden Veränderung der demographischen Struktur des Kontinents. Im Laufe dieser Entwicklung entdeckten die europäischen Großmächte auch ihr Interesse am Baltikum.

Das Ende des goldenen Zeitalters

Während sich in Zentraleuropa die großen Völkerbewegungen vollzogen, neigte sich in Lettland die Epoche, die auch als das „goldene baltische Zeitalter" betrachtet wird, dem Ende zu. Der Handel mit den im Süden gelegenen Reichen hatte erheblichen Wohlstand an die Ostseeküste gebracht. Die Metallverarbeitung hatten die Menschen so weit entwickelt, daß sie viele Geräte für den Alltag und die Landwirtschaft selbst herstellen konnten. Von Raub- und Kriegszügen blieb das Baltikum bis zur Mitte des ersten nachchristlichen Jahrtausends weitgehend verschont. Das baltische Siedlungsgebiet erstreckte sich damals von der Weichsel bis zur Daugava und bis zum Oberlauf des Dnjepr im heutigen Weißrußland.

Skandinavische Völker, die als Wikinger oder Normannen in großen Teilen Europas Angst und Schrecken verbreiteten, beendeten das goldene Zeitalter. Vor den Wikingern waren slawische Völker im 4. Jahrhundert an der Südostgrenze des lettischen Siedlungsgebietes aufgetaucht, doch blieb der Kontakt zunächst ohne weitere Folgen. Die Wikinger dagegen setzten sich in Nowgorod fest, das am Südrand des baltischen Verbreitungsgebietes lag. Sie wollten von dort ihre Handelsrouten zum Schwarzen Meer und nach Byzanz sowie zum Kaspischen Meer und nach Bagdad sichern. Die Unterwerfung des lettischen Territoriums war nicht ihr eigentliches Ziel, doch um die in der arabischen Welt erworbenen oder eroberten Güter in ihre Heimat transportieren zu können, errichteten sie Stützpunkte an der Ostseeküste. Manche Münzen, Gewichte und Silberbarren aus dem Süden gelangten jedoch nicht bis Skandinavien, sondern verblieben im Baltikum. Die ältesten nachgewiesenen skandinavischen Spuren in Lettland stammen etwa aus dem Jahr 650; aus der ersten Hälfte des 8. Jahrhunderts sind sie besonders zahlreich.

Die Wikinger konnten ihre Handelsrouten nur durch eine ständige Kampfbereitschaft sichern. Dies führte auch zu einer wachsenden Wehrhaftigkeit der lettischen Völker. Vor allem die Kuren, die in der Seefahrt geübt waren, taten sich dabei hervor. Sie entwickelten sich zu Seeräubern, die jahrhundertelang für Unruhe in der Ostsee bis hin zu den skandinavischen Küsten sorgten. In der gesamten lettischen Gesellschaft vollzog sich ein allmählicher Wandel. Erfolgreiche Kriegsherren und Fürsten behaupteten auch in Friedenszeiten ihre Machtstellung. Nach ihrem Tode trat der jeweils älteste Sohn an ihre Stelle, so daß der Grundstein für die ersten Fürstendynastien gelegt wurde. Eine andere Konsequenz waren festere Grenzziehungen, mit denen sich die Stammesfürsten gegenüber anderen absicherten. Alle Versuche schwedischer und dänischer Könige, im Baltikum dauerhaft Fuß zu fassen, scheiterten damals.

Gefahr aus dem Südosten

Mit dem frühen 11. Jahrhundert geriet das Baltikum in den Blick der aufstrebenden ostslawischen Völker. Die Slawen, wie die Balten indo-europäischen Ursprungs, stammen aus dem Gebiet zwischen Weichsel und Dnjepr nördlich der Karpaten. Etwa ab dem 5. Jahrhundert waren sie nach Westen, Süden und Norden gezogen. Dabei hatten sie sich in Ost-, West- und Südslawen getrennt. Die Ostslawen (Russen, Weißrussen, Ukrainer) bildeten um 900 das erste slawische Großreich mit dem Zentrum in Kiew. Es entstand aus einem Zusammenschluß mehrerer Fürstentümer, die sich gegen die Reitervölker aus der Wolgasteppe verbündet hatten. Zunächst standen meist Wikinger – die Slawen nannten sie Waräger – an der Spitze der slawischen Fürstentümer. Mit dem Rückgang des nordischen Einflusses entwickelten sich die Slawen immer mehr zu einer eigenständigen Großmacht; nicht unbedingt zum Vorteil der benachbarten Balten. Mitte des 10. Jahrhunderts begann die Slawenmission durch das Patriarchat von Konstantinopel. Dadurch wurde auch der Güteraustausch mit dem oströmischen Reich intensiviert.

Zwar hatte es an der lettischen Südgrenze auch vor der Expansion der Kiewer Rus schon Kontakte mit slawischen Fürsten gegeben, doch bildeten sie keine Gefahr. Dank erhöhter Wachsamkeit konnten sich die Letten auch gegen die Kiewer Rus wehren. So standen um die Jahrtausendwende von 320 Befestigungen im Land die Hälfte an der Südostgrenze gegen die Slawen. Bei einem Überfall auf die Semgaller 1106 erlitten die Angreifer eine vernichtende Niederlage. Mit der Zeit wurde der Druck jedoch zu groß, denn rein zahlenmäßig waren die Slawen den Balten weit überlegen. Damals lebten im gesamten baltischen Siedlungsraum vermutlich eine halbe Million Menschen. Von den slawischen Nachbarn zählten die Russen bereits fünf bis sieben Millionen und die Polen eine Million Menschen. Als sich die Kiewer Rus durch interne Rivalitäten aufsplitterte, wurde das Fürstentum von Pskov (Pleskau) zur Speerspitze der slawischen Expansion gegen das Baltikum. Am Ende des 12. Jahrhunderts hatten die Russen die Balten vom Oberlauf des Dnjepr Richtung Westen verdrängt. Die Ostgrenze des baltischen Siedlungsgebiets verlief damals etwa entlang der Linie Pskov-Minsk.

Die deutsche Missionierung

Neben den Wikingern und Slawen entdeckten schließlich auch die Deutschen im 12. Jahrhundert ihr Interesse am Baltikum. Es war die Epoche der deutschen Kolonisierung Osteuropas, die mit den Karolingern im Frühmittelalter begonnen hatte, jedoch noch nicht beendet war. Die Kolonisatoren sahen sich mit erheblichen Problemen konfrontiert: Die begehrten Siedlungsgebiete im Osten waren keinesfalls unberührte Länder ohne Bewohner, von denen Widerstand zu erwarten gewesen wäre. Im Gegenteil, neben den Polen und Russen hatten auch die Ungarn ein Königreich errichtet, das einer Expansion von Westen die Grenzen aufzeigte. So schien – auch wegen seiner günstigen strategischen Lage – vor allem der östliche Ostseeraum verlockend. Doch auch im Baltikum betraten die Deutschen kein Niemandsland, und sie waren von den dortigen Bewohnern nicht gerufen worden.

Die Ostsiedlung geht auf unterschiedliche Motive zurück, die im Einzelfall nicht voneinander zu trennen waren. Missionseifer, die Erschließung neuer Ländereien und Handelswege, aber auch Abenteurertum trieben die Menschen.

Für die Darstellung der Ereignisse stehen nur die Quellen der Eroberer zur Verfügung. Die Letten hatten keine eigenen Chronisten. Die wichtigsten zeitgenössischen Quellen für die Eroberung des Baltikums sind die „Livländische Chronik" des Missionars Heinrich von Lettland sowie die „Livländische Reimchronik". Beide beschreiben das Vorgehen der deutschen Eroberer in Lettland und Estland, ohne näher auf die Unterschiede zwischen den beiden Völkern einzugehen. Ihr Blickwinkel war der des Deutschen Ordens, der jahrhundertelang das Territorium beherrscht hat. Dennoch gibt es unterschiedliche Schwerpunkte. Die Chronik Heinrichs, der vermutlich aus dem Magdeburger Raum zur Unterstützung seiner Glaubensbrüder nach Osten gezogen war, legte größeres Gewicht auf die Ereignisse in Lettland. Sie beschreibt die Zeit von 1184–1227. Die Reimchronik – von einem unbekannten Autor, vermutlich einem Ritter stammend – behandelt das ausgehende 13. und frühe 14. Jahrhundert.

Deutsche Fürsten und Bischöfe stellten für die Eroberung des Baltikums erhebliche Mittel zur Verfügung. Darüber hinaus sollte eine sorgfältige Planung den Erfolg des Unternehmens sicherstellen. Die Besiedlung begann Mitte des 12. Jahrhunderts, und am Anfang standen die Händler. Von Lübeck aus zogen Westfalen und Niedersachsen auf dem Seeweg gen Osten. Zunächst gründeten sie in Visby auf der schwedischen Insel Gotland eine Niederlassung, die als Sprungbrett für Lettland diente. 1180 begleitete der Augustinermönch Meinhard aus dem Kloster Bad Segeberg die Kaufleute ins Baltikum. In dem livischen Dorf Uexküll (lett. Ikškile) an der Daugava, das mit 150 Bewohnern damals zu den größten Ansiedlungen zählte, errichtete er eine Missionsstation.

Meinhard war nicht der erste, der den christlichen Glauben ins Baltikum brachte. Schon 997 und 1007 waren Missionare aus Polen bei den Pruzzen aufgetaucht, doch mußten sie ihre Aufdringlichkeit mit dem Leben bezahlen. Jahrzehnte später unternahmen die ihrerseits gerade christianisierten Russen zaghafte und erfolglose Versuche, das byzantinische Christentum zu ver-

Geschichte

breiten. 1070 ließ der dänische König Sven Estridsen eine Kirche in Kurland errichten.

Die lettische Zivilbevölkerung blieb von den frühen Missionsbemühungen weitgehend unberührt. Erst die Ankunft Meinhards sowie machtpolitische Erwägungen in Deutschland führten allmählich zu einem Umschwung. Erzbischof Hartwig von Hamburg und Bremen betrachtete das Baltikum als seine Domäne. Er kam damit den Schweden und Dänen zuvor und dehnte seinen Machtbereich an der Ostsee erheblich aus. Sein Sachwalter vor Ort wurde Meinhard, den er 1186 zum Bischof von Uexküll weihte.

Ungeachtet der machtpolitischen Rückendeckung aus der Heimat hatte Meinhard zunächst einen schweren Stand, denn die Balten verweigerten sich dem neuen Glauben. Zeitweilig war der neue Bischof so demoralisiert, daß er die Mission aufgeben und nach Deutschland zurückkehren wollte. Viele der oberflächlich Bekehrten wuschen sozusagen ihre Taufe im Fluß wieder ab oder gruben heimlich die christlich Bestatteten wieder aus, um sie nach traditionellem Ritus beizusetzen.

Meinhards Nachfolger, der Zisterzienserabt Berthold aus Loccum, begab sich sogleich mit Soldaten ins Baltikum. Bei einem Überfall auf die Liven fand er 1198 selbst den Tod, seine Söldner fügten den Einheimischen allerdings eine schwere Niederlage zu. Zudem nahmen sie seinen Tod zum Anlaß, um weitere einheimische Dörfer niederzubrennen.

Kriegerische Expansion

Machtpolitischen Erwägungen im fernen Bremen und Rom verdankten es die Missionare letztlich, daß ihr Bekehrungswerk ungeachtet des Widerstandes von Erfolg gekrönt war. Der Papst und der Erzbischof wollten das Baltikum unbedingt halten und bei der Wahl der Mittel griffen sie schließlich auf diejenigen zurück, die ihnen am vertrautesten waren: Feuer und Schwert.

Im Oktober 1199 erhielten die Expansionspläne den obersten kirchlichen Segen. Papst Innozenz III. rief zum Kreuzzug ins Baltikum auf und stellte dessen „Befreiung" mit den Kriegszielen in Palästina auf eine Stufe. Das motivierte eine immer größere Zahl von Adeligen, Rittern, Missionaren und Kaufleuten, sich durch den Zug nach Osten nicht nur irdische Güter, sondern

Albert von Buxhoeveden

Im Gegensatz zu seinen Vorgängern Meinhard und Berthold war Albert von Buxhoeveden kein Missionar im klassischen Sinn, der sich voller Enthusiasmus und Überzeugung von der eigenen Sache der Bekehrung der Heiden hingab. Der Mann aus einem alten Adelsgeschlecht war zunächst Domherr in Bremen. Hierdurch war er mit der kirchlichen Verwaltung und Machtpolitik gut vertraut. Als er im März 1199 von seinem Onkel, Erzbischof Hartwig von Bremen, zum Bischof von Uexküll geweiht wurde, verstand er sich durchaus in dieser Tradition. Er ging in erster Linie als Staatsmann nach Lettland, und wie die deutschen Bischöfe wollte er auch Landesfürst sein. 1207 erhielt er offiziell den Titel Reichsfürst.

Der Erfolg gab ihm Recht, denn durch die Verbindung von kirchlicher und weltlicher Macht gelang es den Deutschen schließlich, sich in Lettland dauerhaft festzusetzen und den christlichen Glauben zu verbreiten. Dazu kam Alberts ausgeprägtes Organisationstalent. Mit der Gründung Rigas und des Schwertbrüderordens war die Basis für die Expansion gelegt. Des Bischofs machtpolitischer Instinkt zeigte sich auch darin, daß er den deutschen Adeligen, Geistlichen und Rittern kleine Territorien zuteilte, über die sie selbst verfügen konnten. So machte er sich die Kolonisatoren dienstbar. Der Schwertbrüderorden erhielt von ihm sogar ein Drittel des eroberten Landes zugesprochen. Dennoch kam es mit dessen Führung immer wieder zu Kompetenzstreitigkeiten.

Alberts letzter großer Erfolg war die Unterwerfung der Esten, die 1227 abgeschlossen war. Ein großes Ziel blieb ihm jedoch versagt: die Ernennung Rigas zum Erzbistum, was ihn von seiner Heimatstadt Bremen unabhängig gemacht hätte. Albert starb am 17. Januar 1229 in Riga.

---

auch Lohn im Himmel zu erwerben. Da es noch keinen Landweg gab, blieb nur der Transport über die Ostsee. Dies besorgte die Gotländische Genossenschaft. Sie machte Lübeck zum Ausgangspunkt für die Kolonisierung des Baltikums. Der Kopf der Bewegung wurde Albert von Buxhoeveden, seit 1199 der Nachfolger von Berthold als Bischof von Uexküll. 1201 gründete er in der Nähe eines lettischen Dorfes an der Daugava die Stadt Riga, die zum bedeutendsten Zentrum des gesamten Baltikums werden sollte. Der Bischofssitz wurde von Uexküll dorthin verlegt, und die aufstrebende Hanse, der Riga 1282 beitrat, prägte die Stadt.

Ohne einen militärischen Verband wären die Eroberungen jedoch nicht zu halten gewesen. Ausgerechnet ein Zisterziensermönch namens Theoderich besorgte diesen wichtigen Teil der Kolonisierung. Theoderich war ein enger Mitarbeiter Meinhards und ein guter Organisator. 1202 gründete er den „Orden der Ritterschaft Christi" (Fratres Militiae Christi), der unter dem Namen Schwertbrüderorden bekannt wurde. Äußeres Zeichen der Zugehörigkeit war ein weißer Mantel mit rotem Kreuz und Schwert. Der Orden war dem Bischof von Riga unterstellt. Die Ritter stammten überwiegend aus Westfalen und anderen Teilen Deutschlands. Die Zahl der Christen stieg nach der Gründung Rigas weiter an, jedoch weniger durch Bekehrung als durch Zuzug aus Deutschland. Die Deutschen nannten die neue Eroberung Livland – ohne Unterscheidung zwischen Letten und Esten. Die lettischen Völker wehrten sich vehement, aber vergeblich gegen die ungebetenen Gäste, ein Heer der Kuren hätte 1210 beinah Riga eingenommen.

Der Schwertbrüderorden konnte sich an seinen Eroberungen jedoch nicht lange erfreuen. Er wurde in verlustreiche Kriege um die Vorherrschaft in Litauen verwickelt, die schließlich seine Basis im gesamten Baltikum untergruben. Am 23. September 1236 erlitten die Schwertbrüder unter dem Ordensmeister Volquin bei Siauliai (Schaulen) eine vernichtende Niederlage gegen ein vereintes litauisch-lettgallisches Heer. Die deutsche Dominanz im Baltikum war mit dem Untergang der Schwertbrüder indes nicht beendet. Der Deutsche Orden übernahm ihre Rolle. 1190 von Kaufleuten

---

Die Methoden des Schwertbrüderordens

„... töteten vom Morgen bis zum Abend, wen sie fanden, sowohl ihre Weiber, als auch Kinder und dreihundert der vornehmen Männer ..., bis Hände und Arme der Tötenden müde vom ungeheuren Morden des Volkes endlich erlahmten. Als alle Dörfer vom vielen Blut der Heiden gefärbt waren, traten sie am folgenden Tag den Rückzug an, brachten aus allen Dörfern viele Beute zusammen und führten mit sich fort Zugtiere und eine Menge Vieh, auch sehr viele Mädchen, die allein die Heere in diesen Ländern zu verschonen pflegen."

Heinrich von Lettland, „Livländische Chronik", neu übersetzt von Albert Bauer, Würzburg 1959, S. 95

aus Lübeck und Bremen in Akko (oder Akka, heute Israel) gegründet, hatte dieser sein Einsatzgebiet zunächst in Palästina. Der von den Stauferkaisern initiierte dritte Kreuzzug zur „Befreiung" Jerusalems wurde hauptsächlich vom Deutschen Orden getragen, doch scheiterte er damit wie die anderen vor ihm. Nach dem ruhmlosen Ende in Palästina suchten die Ritter neue Ziele und fanden sie unter anderem im Baltikum. Zwar konnte sich der Orden in Litauen nicht durchsetzen, doch in Lettland und Estland trat er mit großem Erfolg das Erbe der Schwertbrüder an.

Der Deutsche Orden

Das äußere Zeichen des deutschen Ordens war ein weißer Mantel mit einem schwarzen Kreuz. Ihm gehörten gleichberechtigt Ritter- und Priesterbrüder an, die aus adeligen Familien stammten. Dazu kamen sog. Halbbrüder aus nicht-adeligen Familien. Die besondere Stärke des Deutschen Ordens war die Verbindung von militärischer und ziviler Macht. Er verfügte nicht nur über ein kampferprobtes Heer, sondern auch über eine exzellente Verwaltung und eine erhebliche Wirtschaftskraft. Mit diesem Potential setzte er sich in Lettland und Estland durch, ein Territorium, das zum Livländischen Ordensstaat erklärt wurde. An der Spitze der Hierarchie im Baltikum stand ein Landmeister mit Sitz in Riga. Dieser war direkt dem Hochmeister, der obersten Autorität, unterstellt, der bis 1466 in Marienburg und danach in Königsberg residierte. Mit der Festigung der Ordensherrschaft entsprachen die sozialen Strukturen überwiegend den ethnischen Grenzen. Die Deutschen beherrschten Verwaltung und Wirtschaft. Wer von den Einheimischen auch nur einen bescheidenen sozialen Aufstieg schaffen wollte, mußte sich taufen lassen. Für die Aufnahme als Ordensritter reichte das nicht. Allein als Hilfstruppen waren Letten im Ordensheer willkommen.

Der Ordensstaat sah sich als Teil des Heiligen Römischen Reiches Deutscher Nation und nahm häufig an den Reichstagen teil. Allerdings unterließ es die Ordensführung, deutsche Bauern ins Land zu holen und damit die demographische Struktur grundlegend zu verändern. Für die Fron- und Leibeigenendienste standen ja genügend Einheimische zur Verfügung. Der Verzicht auf eine großangelegte Besiedlung durch Deutsche wurde später von national gesinnten

Historikern bemängelt. Die logistische Basis für die Ordensherrschaft bildeten 60 stark befestigte Burgen zwischen der Grenze zu Litauen und Narva im Nordosten von Estland. Manche Ruinen haben die Zeit überdauert. In Orten wie Bauska, Cēsis, Daugavpils, Dundaga, Edole, Rēzekne, Sigulda, Turaida oder Valmiera vermitteln die Reste noch heute einen Eindruck von der alten Größe. Die Ordensburg in Riga ist dagegen eher unscheinbar.

Mit dem Orden gelangte das Lehnswesen ins Land. Die Burgherren stellten ihren Vasallen Land zur freien Verfügung. Die Vasallen verpflichteten sich im Gegenzug zu Kriegsdienst und ritterlicher Treue. Die Übereinkunft war von beidseitigem Nutzen, denn die Vasallen erhielten dadurch ebenfalls erhebliche Macht. Sie konnten das Land nach Belieben weiterverpachten. Die meisten Vasallen waren selbst Adelige, Ritter oder zumindest Freie, überwiegend deutscher Abstammung.

Auch die Bischöfe verfügten über beträchtliche Lehen, durch die sie sich Vasallen dienstbar machten. Die gesamten Einnahmen im deutschen Ordensstaat wurden nach einem Schlüssel verteilt, der dem Bischof ein Drittel und dem Orden zwei Drittel sicherte.

Riga baute seine Rolle als Zentrum des Reiches immer weiter aus. Die Stadt hatte im Mittelalter etwa 8000 Einwohner. 1255 stieg sie zum Erzbistum auf und löste sich damit aus der Abhängigkeit von Bremen. Geistliche und weltliche Macht waren damals kaum voneinander zu trennen. Die weltliche Macht organisierte sich in Gilden, den Interessenverbänden der jeweiligen Berufsstände, die das öffentliche Leben mitgestalteten. Auch hier dominierten über Jahrhunderte die Deutschen. Aufgrund der rigiden Strukturen in den Städten gelang es nur wenigen einheimischen Bauern, dort Fuß zu fassen. Die überregionale Vertretung der Städte und Landesherren war der Livländische Landtag.

Die deutsche Führungsschicht verfolgte jedoch keinesfalls dieselben Interessen. Dies wurde um so deutlicher, je weniger Eroberungszüge stattfanden. Als der gemeinsame Feind fehlte, traten gravierende wirtschaftliche und politische Konflikte zwischen dem Deutschen Orden und den aufstrebenden Städten und Bistümern zutage. Es ging um die Verteilung von Macht und Reichtum. Städte und Bistümer wehrten sich vor allem gegen den alten Aufteilungsschlüssel, wonach zwei Drittel der Einnahmen aus den Lehen sowie der Gerichtsbarkeit an den Orden flossen. Beide Parteien ließen nichts unversucht, um die Oberhand zu gewinnen. Interventionen bei Kurie und Kaiser zählten ebenso zu den Methoden wie Schlachten oder gegenseitige Acht.

Letztlich blieben die Städte am erfolgreichsten, während Orden und Klerus ihre weltliche Macht nur zeitlich begrenzt behaupten konnten. Als dem Orden die Gegner auf dem Schlachtfeld ausgegangen waren, begann ein allmählicher innerer Zerfall, der durch die wirtschaftliche Kraft und effiziente Verwaltung der Städte noch beschleunigt wurde. Der Orden war überflüssig geworden, militärisch und administrativ.

Ähnlich erging es dem machthungrigen katholischen Klerus, der sich um die Einheimischen wenig gekümmert hatte. Dieses Versäumnis machte es der Reformation leicht, in Lettland Fuß zu fassen, denn ihr Glaubensansatz integrierte die einheimische Landbevölkerung. Die Reformatoren übersetzten Teile der Bibel und Gebetsbücher ins Lettische; Pfarrer lernten und predigten die Sprache des Volkes. Erst dadurch konnte sich das Christentum im Baltikum wirklich durchsetzen. Hinzu kam, daß auch viele Adelige sowie die Hanse aus Opposition zu den mächtigen Bischöfen die Reformation unterstützten. Die von den Jesuiten eingeleitete Gegenreformation hatte deshalb in Lettland wenig Erfolg, und der Deutsche Orden war zu schwach, um sich der Entwicklung entgegenzustellen. Der letzte Erzbischof von Riga, Johan Blankenfeld, zog 1526 mit unbekannter Mission nach Rom und starb ein Jahr später in Spanien. Die Jesuiten gaben jedoch nicht auf; auch sie machten sich daran, religiöse Texte ins Lettische zu übersetzen und damit den Einheimischen näherzukommen. Zwischen 1584 und 1586 kam es in Riga sogar zu Glaubenskämpfen, die sich am Streit um die Einführung des gregorianischen Kalenders entzündeten. Letztlich behauptete sich die Reformation durch die Parteinahme der deutschen Oberschicht. Allein die Provinz Lettgallen blieb überwiegend katholisch.

Im 15. Jahrhundert hatte auch die Hanse den Höhepunkt ihrer Macht überschritten, der Dreißigjährige Krieg besiegelte ihr Ende. Damit waren die Säulen der deutschen Herrschaft in Lettland und Estland brüchig geworden. Auch im Deutschen Reich unter Kaiser Ferdinand I. bemühte sich niemand ernsthaft, die östlichen Besitztümer zu halten. Der letzte livländische Landmeister des Deutschen Ordens, Gotthard Kettler, legte am 5. März

1562 in Riga sein Amt nieder. Zunächst trat der litauisch-polnische König offiziell dessen Erbe an, doch konnte er sich an dem Machtzuwachs nicht lange erfreuen. Das innerlich zerrissene Land wurde zum Spielball verschiedener Großmächte. Der deutsche Landadel rettete seine Privilegien jedoch in die neue Zeit hinein. Auch Riga behauptete sich noch einige Jahrzehnte als freie Reichsstadt, die nur dem deutschen Kaiser unterstand.

Der Livländische Krieg

Auf den Untergang Livlands folgten Jahrzehnte mit Krieg, Interventionen fremder Mächte, wechselnden Herrschern, Verwüstungen, Pest und Hunger. Den Menschen wurde – einmal mehr und nicht zum letzten Mal – ihre für den Handel so günstige Lage zum Verhängnis. Der russische Zar Iwan IV. („der Schreckliche" 1533–1584) zog 1558 als erster gegen das Baltikum. Rasch eroberte er die estnische Festung Narva, die sich noch in der Hand des Deutschen Ordens befand und rieb die Reste des Ordensheeres im Norden auf. Damit begann der Livländische Krieg, der sich über 25 Jahre hinzog. Den Menschen wurde bald klar, daß die Russen nicht zur Befreiung des Landes gekommen waren. Mit

---

Lettische Überseekolonien

Zu den Skurrilitäten der Geschichte zählt eine kurze Epoche lettischer Kolonialherrschaft in Afrika und der Karibik. Herzog Jakob von Kurland, Oberhaupt über ein Gebiet mit großer Seefahrertradition, betrieb unter eigener Flagge einen regen Seehandel. 1639 erreichten seine Schiffe die Karibikinsel Tobago, die für den Herzog in Besitz genommen wurde. Der Landesfürst nahm es mit der Kolonisierung durchaus ernst, denn er gewährte lettischen Bauern, die dorthin auswandern wollten, die Befreiung von der Leibeigenschaft. 1651 tauchten kurische Schiffe auch vor der westafrikanischen Küste auf. Dort errichteten sie auf der St.Andreas-Insel in der Mündung des Gambia-Stromes eine kleine Kolonie. Auf lange Sicht hatten die Kurländer jedoch keine Chance, sich gegen das aufstrebende englische Weltreich zu behaupten, das in ihnen eine lästige Konkurrenz sah. In Afrika währte die Kolonialzeit nur zehn Jahre, in der Karibik wehte die kurländische Fahne immerhin bis 1693. Noch heute erinnert dort die „Kourland Bay" an diese Epoche.

Massakern, Folter und Exzessen verbreitete Iwans Heer Angst und Schrecken. Um der Eroberung durch den Zar zu entgehen, wandte sich die Stadt Riga an den polnischen König, während Reval die Schweden um Unterstützung bat. Beide nahmen den Hilferuf gerne auf, was zunächst zur Ausweitung, aber auch zur Wende des Krieges führte. 1580/81 vertrieben die Schweden die Russen aus den nördlichen Landesteilen; im Süden behauptete sich das litauisch-polnische Heer. Damit war dem russischen Expansionsdrang zunächst Einhalt geboten. Der Frieden von Zapolje am 15. Januar 1582 beendete den Livländischen Krieg und teilte das Land unter Polen und Schweden auf.

Den Schweden reichte der Norden des alten Ordensstaates jedoch nicht. Unter König Gustav II. Adolf (1611–32) eroberten sie auch Lettland einschließlich der Hauptstadt Riga. Die schwedische Herrschaft bewirkte eine entscheidende Verbesserung der Situation der Menschen. Die Landwirtschaft konnte sich erholen, die Bevölkerungszahl stieg an. Von den Auseinandersetzungen des Dreißigjährigen Krieges blieb das Land weitgehend verschont, auch wenn die Bewohner Abgaben leisten mußten, um die Kriegskasse der Schweden zu füllen.

Die Schweden gründeten zur Hebung des Bildungsniveaus der Bevölkerung Schulen und 1632 die Universität Dorpat/Tartu (heute Estland), zu denen in bescheidenem Umfang erstmals auch Letten Zugang hatten. Außerdem entzogen die neuen Herren den adeligen deutschen Großgrundbesitzern Teile ihrer Besitztitel und der Gerichtsbarkeit. Die Einschränkung der deutschen Macht blieb jedoch halbherzig, da der Adel über nationale Grenzen hinweg ähnliche Interessen verfolgte. So konnte er sich einer von König Karl XI. (1660–1697) angekündigten Aufhebung der Leibeigenschaft erfolgreich widersetzen.

Die russische Herrschaft

Die bis heute im Baltikum nostalgisch verklärte Schwedenherrschaft endete mit dem Großen Nordischen Krieg. Dieser begann 1700 mit einem erfolglosen Überfall des sächsischen und polnischen Königs August II. („des Starken" 1697–1733) auf Riga und dauerte über zwei Jahrzehnte. Gleichzeitig zog Zar Peter I. („der Große", 1682–1725) gegen Narva, um sich endlich den lang er-

Peter der Große erhielt im Frieden von Nystadt 1721 Livland und damit ungehinderten Zugang zur Ostsee

sehnten Zugang zur Ostsee zu sichern. Sein Angriff wurde aber vom Schwedenkönig Karl XII. (1697–1718) zurückgeschlagen, der zuvor bereits siegreich in Polen eingedrungen war und auch Dänemark seine Bedingungen aufgezwungen hatte. Angesichts seiner militärischen Erfolge verlor Karl jedoch den Blick für die Realitäten. Zudem unterlief ihm der folgenschwere Fehler, Zar Peter zu unterschätzen. Jener hatte unmittelbar nach der Niederlage bei Narva mit einer Modernisierung des Heeres begonnen. 1708 zog Karl in der Ukraine gegen Peter den Großen auf, um von dort ins Innere Rußlands vorzustoßen. Damit leitete er jedoch seinen eigenen Untergang ein. Im Juli 1709 verlor sein Heer die entscheidende Schlacht bei Poltawa gegen die zaristischen Truppen, die nun praktisch freien Zugang zum Baltikum hatten. Ohne die schwedischen Beschützer hatten weder die Städte noch der Landadel das Potential, die drohende Eroberung abzuwenden. Riga ergab sich ein Jahr später dem russischen Heer. Im Frieden von Nystadt trat Schweden 1721 Livland offiziell an Rußland ab.

Für die Menschen in Lettland war der Nordische Krieg verheerend. Ähnlich wie der Dreißigjährige Krieg ein knappes Jahrhundert zuvor in Zentraleuropa wurde er vielfach nicht als offene

Feldschlacht zwischen Armeen geführt. Stattdessen zogen Truppen unter verschiedener Flagge plündernd und mordend durchs Land. Ernten und Viehbestände, die nicht in Sicherheit gebracht werden konnten, wurden systematisch vernichtet, um dem Gegner die Versorgung abzuschneiden. Hunger und Pest waren die unvermeidliche Folge, so daß nur etwa ein Drittel der Bevölkerung den Krieg überlebte.

Der deutsche Adel zählte am Ende zu den Gewinnern des Großen Nordischen Kriegs. Peters Politik war es, die von Schweden erlassenen Einschränkungen der Privilegien aufzuheben und aberkannte Landtitel zurückzugeben. Zum einen fühlte sich der Zarenhof, der seit 1712 im benachbarten St. Petersburg residierte, den deutschen Adeligen eng verbunden, wozu auch zahlreiche Fürstenhochzeiten beitrugen. Zum anderen suchte Peter durch die Einbindung der Deutschen seine Macht im Baltikum zu festigen. Dafür mußte er verschärfte soziale Spannungen und Aufstände in Kauf nehmen. Zwar wurde unter Peters Herrschaft die Leibeigenschaft am 8. Januar 1817 aufgehoben, doch die Reformansätze, die den Bauern Freizügigkeit und rechtlichen

---

Eine lettische Karriere

Eine der bemerkenswertesten Karrieren in den europäischen Herrscherhäusern durchlief die am 15. April 1684 geborene Bauerntochter Marta Skawronska. Sie lebte zunächst als Magd auf dem Hofgut eines deutschen Adeligen in Marienburg/Livland. 1702 trat sie in den Dienst des russischen Feldherrn A. D. Menschikow. Durch ihn erhielt sie Zugang zum Hof in St. Petersburg, wo Zar Peter nicht minder beeindruckt von ihr war und sie zu seiner Mätresse machte. Die Zuneigung ging jedoch tiefer. Der große Zar ließ sich scheiden und heiratete 1712 die ehemalige Magd. Zwölf Jahre später ließ er sie zur Kaiserin Katharina I. krönen. Nach Peters Tod im Februar 1725 übernahm sie allein den Thron, stand jedoch unter dem Einfluß ihres alten Förderers Menschikow. Am 17. Mai 1727 starb die bemerkenswerte Frau. Ihre Tochter Anna wurde Stammutter des Hauses Romanow-Holstein-Gottorp.

Letten und Litauer beanspruchen Katharina I. übrigens gleichermaßen für sich, und beide haben ihre Gründe dafür. Sie war litauischer Abstammung, doch war ihr Vater nach Lettland übergesiedelt, wo sie geboren wurde.

Geschichte

Schutz zusichern sollten, blieben halbherzig und in der Praxis zunächst weitgehend ohne Konsequenzen. Im entscheidenden Punkt änderte sich nämlich nichts: Der Landadel behauptete die Verfügungsgewalt über das Land und hielt durch ein neues Fronpachtsystem die ländliche Bevölkerung weiterhin in seiner Abhängigkeit.

Die schlechte wirtschaftliche und soziale Situation begünstigte im 19. Jahrhundert das Aufkommen nationaler Emanzipationsbewegungen. Forderungen nach sozialer Gerechtigkeit und nationaler Selbstbestimmung wurden laut. Um die neue Bewegung in eine Traditionslinie zu stellen und ihr damit mehr Gewicht und Mut zu geben, wurden alte Sagen wie die Geschichte vom Riesen Lāčplēsis neu entdeckt und verbreitet.

Aufstand der Arbeiter

Am Ende des 19. Jahrhunderts veränderten sich die sozialen und wirtschaftlichen Bedingungen grundlegend. Die Städte wurden für die Einheimischen geöffnet, da die neuen Industrieanlagen Arbeiter benötigen. In der Folge verließen Hunderttausende die vertrauten Strukturen auf dem Land. Riga wuchs von 103 000 Bewohnern (1871) über 282 000 (1897) auf 520 000 (1913). Die neue lettische Arbeiterschaft stand sozialrevolutionären Strömungen aufgeschlossen gegenüber.

Gleichzeitig gewannen pan-slawische Agitatoren am Zarenhof immer mehr Einfluß. Eine ihrer Zielscheiben waren die noch immer einflußreichen Deutschen. So sollte Russisch im Baltikum zur ersten Sprache in Schule, Justiz, Verwaltung und Kirche werden. Viele Einheimische begrüßten diese Entwicklung zunächst, versprachen sie sich davon doch größere politische und kulturelle Freiräume. Dies erwies sich allerdings als Fehleinschätzung. Die Vertreter der pan-slawischen Bewegung begegneten der lettischen Kultur keinesfalls mit mehr Respekt als die deutschen Adeligen. Außerdem wurden in Lettland neben den nationalen Forderungen auch die sozialen immer lauter. Das war für den Zar besonders gefährlich, denn in Rußland waren die Arbeiter gleichfalls nicht länger gewillt, ihre Lebensbedingungen klaglos hinzunehmen. Um die Anzahl der Feinde überschaubar zu halten und wohl auch, weil er sich mit dem deutschen Adel enger verbunden fühlte

*Prächtige Rigaer Jugendstilbauten
wurden in den letzten Jahren liebevoll restauriert*

als mit dem russischen Proletariat, nahm Zar Nikolaus II. (1894–1917) die deutschfeindlichen Maßnahmen zurück. Dennoch blieb Lettland ein Unruheherd, denn wirkliche soziale Reformen ließen nach wie vor auf sich warten. In Riga initiierten Arbeiterinnen im Mai 1899 einen großen Streik für gerechtere Entlohnung, dem sich die Arbeiter anschlossen. Der Ausstand weitete sich zu einem Aufstand aus, der vom Militär rücksichtslos niedergeschossen wurde. 93 Arbeiterinnen und Arbeiter fanden dabei den Tod.

Die Revolution in Rußland von 1905 stieß in Lettland auf lebhafte Unterstützung. Sie begann mit dem sog. „Blutsonntag", dem 9. Januar 1905. An diesem Tag metzelten zaristische Truppen Hunderte von demonstrierenden Arbeitern nieder. Drei Tage später kam es auch in Riga zu Streiks und Demonstrationen, die praktisch die gesamte Produktion lahmlegten. Die Streikenden forderten nicht nur gerechte Löhne, kürzere Arbeitszeiten und bessere Wohnverhältnisse, sondern auch politische Veränderungen.

Die lettische Arbeiterbewegung war die am besten organisierte im gesamten russischen Reich. Am 13. Januar rief die Sozialdemokratische Arbeiterpartei in Riga gemeinsam mit jüdischen Organisationen zu einem großen Demonstrationszug von der Moskauer Vorstadt ins Zentrum auf. Auf dem Weg hatten jedoch Soldaten Stellung bezogen, die ohne Warnung das Feuer eröffneten und Dutzende Menschen erschossen. Damit eskalierte die Situation weiter.

Nach wenigen Wochen griffen die Proteste auf andere Städte wie Liepāja und Jelgava sowie auf das Land über. Dort richtete sich der lang aufgestaute Haß gegen die Gutsbesitzer. Viele Höfe gingen in Flammen auf. Die Unruhen nahmen im Lauf der Zeit an Schärfe zu, so daß die Regierung am 6. August den Kriegszustand verhängte. Der Politik des Zaren fehlte jedoch eine klare Linie. Zehn Wochen später ging er nämlich überraschend auf einige der Forderungen der Streikenden ein. Einmal mehr blieben die versprochenen Reformen jedoch im Ansatz stecken, und so ergriff die Armee endgültig die Initiative. In mehreren Strafexpeditionen schlug sie den Aufstand nieder und nahm grausame Rache. Standgerichte ohne Rechtsschutz und Revisionsmöglichkeiten verurteilten Tausende von Aufständischen zum Tode, zur Verbannung nach Sibirien, zu langen Haft- oder drakonischen Prügelstrafen. Die staatliche Brutalität gab der Opposition jedoch nur neuen Auftrieb.

Bis zum Ersten Weltkrieg rissen Streiks und Unruhen nicht ab. Ziel der Letten war nicht nur die soziale, sondern auch die nationale Befreiung. Der einzige Weg dorthin schien die volle Unabhängigkeit, denn von Selbstbestimmung war am Ende der Zarenherrschaft keine Rede mehr. Lettland wurde von einem Generalgouverneur regiert, der direkt dem Zarenhof unterstand.

Die lettischen Schützen

Der Erste Weltkrieg hinterließ in Lettland verheerende Verwüstungen, denn die Daugava bildete zwei Jahre lang den Frontverlauf zwischen Deutschland und Rußland. Die deutschen Truppen standen am Südufer, die Russen im Norden, um Riga wurde hart gekämpft. Von den etwa eine Million Kriegstoten im Baltikum entfielen zwei Drittel allein auf Lettland.

Die russische Revolution vom Februar 1917 traf auf große Resonanz. Die lettische Sozialdemokratische Arbeiterpartei konnte inzwischen sogar auf bewaffnete Verbände zurückgreifen. Die sog. lettischen Schützen waren im Sommer 1915 unter russischem Oberbefehl als Kampfverbände gegen die Deutschen aufgestellt worden und hatten sich durch besondere Tapferkeit ausgezeichnet. Im Vorfeld der Revolution gerieten sie unter den Einfluß der Bolschewisten. Bisweilen werden sie deshalb auch als lettische rote Schützen bezeichnet. Aufgrund dieser Voraussetzungen verfügte die organisierte Arbeiterbewegung in Lettland über erheblichen Einfluß. Bei freien Wahlen zum Landtag von Livland im September 1917 erhielt die bolschewistische Partei 60% der Stimmen. Als Lenin schließlich am 7. November 1917 die Macht an sich riß (nach dem alten russischen Kalender war es der 25. Oktober, daher „Oktoberrevolution"), gelang dies maßgeblich mit Hilfe der lettischen roten Schützen. Sie besetzten alle wichtigen Punkte im Baltikum und verhinderten somit, daß zarentreue Truppen ins benachbarte St. Petersburg eilen konnten. Lenin machte sie sogar zu einer Art Leibgarde. Einer ihrer Offiziere, Oberst Jukums Vacietis, wurde Oberkommandierender der Roten Armee.

Neben den sozialrevolutionären Ideen hatten die lettischen roten Schützen jedoch auch eine Autonomie für Lettland im Kopf, die sie sich am ehesten von den Bolschewisten erhofften. Schließlich zeigte sich Lenin nationalen Forderungen gegenüber zunächst aufgeschlossen; er forderte, das „zaristische Völkergefängnis" aufzubrechen. Als er jedoch nach der Revolution die Macht dazu besaß, wollte er davon nichts mehr wissen, wie auch die Letten einsehen mußten.

Ein neuer Staat

Die Lage in Lettland war in der Endphase des Krieges ausgesprochen verwirrend. Es gab drei Kräfte, die um die Macht rangen: die deutsche Armee, die Riga seit September 1917 besetzt hielt, die russischen Bolschewisten, die unterstützt von der lettischen Arbeiterbewegung ihre Macht in St. Petersburg allmählich konsolidierten und unverhohlen Ansprüche auf Lettland erhoben, sowie die bürgerliche lettische Nationalbewegung, die militärisch schwächste der drei. Am 18. November 1918 rief der lettische

Volksrat als letzter der Baltenrepubliken im Nationaltheater von Riga die unabhängige Republik aus. Zum ersten Ministerpräsidenten wurde Kārlis Ulmanis gewählt.

Dieser Akt hatte jedoch zunächst eher symbolischen Charakter. Von einer Konsolidierung der Macht war die lettische Nationalbewegung noch weit entfernt. Die Baltendeutschen antworteten mit einem baltischen Regentschaftsrat, der vor allem die Interessen des Adels vertrat und sich darum vor der bolschewistischen Gefahr noch mehr fürchtete als vor der lettischen Nationalbewegung. Um die Bolschewisten abzuwehren, betrieb der Rat den Aufbau einer baltischen Landeswehr. Die Machtansprüche der Baltendeutschen auf das Baltikum erhielten jedoch aus Berlin eine klare Absage, denn dort hatten die Menschen andere Sorgen. Nach dem Matrosenaufstand vom November 1918, dem Waffenstillstand im Westen und der Abdankung des Kaisers gab Deutschland seine

Das jüdische Leben

Die jüdischen Spuren in Lettland reichen ins 16. Jahrhundert zurück, und daß es sie heute noch gibt, grenzt an ein Wunder. Zunächst mußten sich die Juden in ländlichen Gebieten niederlassen, vor allem in Kurland und Lettgallen gründeten sie zahlreiche Dörfer. In Riga, dem politischen, wirtschaftlichen und kulturellen Zentrum, war kein Raum für sie. Wenn jüdische Kaufleute oder Handwerker in die Hauptstadt reisten, durften sie nur kurze Zeit bleiben und mußten sich an eigens ihnen zugewiesenen Orten aufhalten. Die sog. Judenherbergen am Rande der Stadt waren die Vorläufer des jüdischen Ghettos, das bis zum Einmarsch der Nazis 1941 bestand. Unter der russischen Herrschaft verschärfte sich die Situation sogar noch, denn die Juden sollten das Zarenreich verlassen. Erst die Regentschaft Katharinas der Großen in der zweiten Hälfte des 18. Jahrhunderts brachte eine gewisse Entspannung. Das Ausweisungsdekret wurde zurückgenommen und die Rechte der Juden ein wenig erweitert. Im 19. Jahrhundert gab es die ersten festen jüdischen Niederlassungen in Riga. Gegen Ende des Jahrhunderts stellten sie mit über 20000 Menschen knapp 10% der Bevölkerung.

In der von Russen und Deutschen dominierten Stadt behielten die Juden ihre Identität bei. Jiddisch blieb die Umgangssprache in den meisten Familien, doch auch deutsch und russisch waren weit verbreitet. Zudem pflegten viele das Althebräische und Iwrith, die Sprache des aufkommenden politischen Zionismus. Mit der Unabhängigkeit des Landes

Expansionspläne im Osten auf und erkannte die Unabhängigkeit Lettlands an.

Im Dezember 1918 begann der bolschewistische Angriff auf Lettland mit zahlreichen lettischen Verbänden. Er traf auf dem Land und bei den Arbeitern in den Städten auf erhebliche Unterstützung. Führer der Kommunisten war Pēteris Stučka, Lenins Volkskommissar für Justiz. Anfang Januar 1919 erreichten sie Riga und vertrieben die Regierung Ulmanis nach Liepāja. Die wichtigste Stütze für die lettischen Nationalisten war zu der Zeit ironischerweise die überwiegend von Baltendeutschen gebildete baltische Landeswehr. Diese versuchte auch im Reich, Freiwillige für den Kampf gegen die Bolschewisten zu rekrutieren.

Die kommunistische Herrschaft über Lettland währte nur fünf Monate, was sich die Bewegung nicht zuletzt selbst zuzuschreiben hatte. Statt die sozialen Probleme anzupacken und Sofortmaß-

---

erweiterte sich der Spielraum der jüdischen Bevölkerung erheblich. Knapp 50000 Menschen allein in der Hauptstadt und noch einmal so viele im ganzen Land bildeten die Basis für vielfältige kulturelle, politische und gesellschaftliche Aktivitäten. Jüdische Schulen und Theater, Zeitungen und Verlage, Sportvereine und Chöre waren ein fester Bestandteil der Gesellschaft. Die wichtigste politische Organisation war der Jüdische Bund, der in den 20er Jahren als zeitweiliger Partner der Sozialdemokraten über einigen Einfluß verfügte. Die meisten Juden orientierten sich damals eher nach Westen, Berlin und Paris waren die großen Vorbilder. Wirtschaftlich wurden sie wie anderswo auch bisweilen Opfer von Sozialneid. Mit der Wirklichkeit hatten die Vorbehalte recht wenig zu tun, wie einer der besten Kenner der jüdischen Geschichte Lettlands, Margers Vestermanis, ausführt:
„Als Gegenpol zum Wohlstand der jüdischen Oberschicht breitete sich in der Moskauer Vorstadt die Welt der jüdischen ‚Ormelait', der jüdischen Pauper aus. Zwar waren es in Riga nicht mehr als 10 Prozent der jüdischen Stadtbevölkerung, die in Armut lebten, es gab auch eine vorbildliche organisierte Hilfe, die das Elend mildern sollte, eine breite medizinische Betreuung für Mittellose, ein handwerkliches Ausbildungssystem, das einen sozialen Aufstieg ermöglichen sollte – aber dennoch wurde die Armut nicht geringer und strafte die vom Neid gespeiste Legende vom ‚steinreichen Judentum' Lügen." (Vestermanis 1995, S.11)

nahmen gegen die verbreitete Hungersnot einzuleiten, erschöpften sich ihre Aktivitäten weitgehend in Rachefeldzügen und Exekutionen vermeintlicher Klassenfeinde. Durch den Terror und das anhaltende Elend verlor die bolschewistische Bewegung ihre Basis. Im Mai konnte das lettisch-deutsche Bündnis Riga zurückerobern, doch der Terror war damit nicht beendet; die Sieger nahmen grausame Rache an tatsächlichen oder vermeintlichen Kollaborateuren der Kommunisten.

Auch der Kampf um Lettland war noch nicht abgeschlossen, denn ohne den gemeinsamen Feind zeigten die Deutschen wenig Interesse, die bürgerliche lettische Regierung anzuerkennen. Sie installierten stattdessen eine ihnen ergebene Regierung unter Andrievs Niedra, einem Pastor. Im Juni 1919 kam es bei Cēsis (Wenden) zur Entscheidungsschlacht, in der ein lettisch-estnischer Verband mit britischer Waffenhilfe die Deutschen besiegte. Die Verlierer mußten ihre Ansprüche daraufhin endgültig aufgeben; ihre Gallionsfigur Niedra zog sich ebenfalls aus der Politik zurück. Gut ein Jahr später, am 11. August 1920, schloß Lettland einen Friedensvertrag mit der Sowjetunion, ein weiteres Jahr danach folgte die Aufnahme in den Völkerbund. Damit war die Unabhängigkeit endlich besiegelt.

Briefmarke zum 1. Jahrestag der Unabhängigkeit Lettlands

Ringen um Demokratie

Die neue Verfassung vom 7. November 1922 sah eine parlamentarische Demokratie mit politischem Pluralismus und weitreichenden Minderheitenrechten vor. Die kommunistische Partei war allerdings verboten. Viele ihrer Anhänger flohen in die Sowjetunion, wo sie fast alle in den 30er Jahren den stalinistischen Säuberungen zum Opfer fielen, darunter Pēteris Stučka und Jukums Vacietis. Eine umfassende Landreform verbesserte die Lage der einheimischen Bauern. Die Ländereien der Gutsbesitzer wurden auf 50 ha beschränkt, der Rest ohne Entschädigung enteignet. Somit entstanden 66000 neue landwirtschaftliche Kleinbetriebe. Die dadurch erreichte Produktionssteigerung führte dazu, daß Lettland ein wichtiger Lieferant für den westeuropäischen Markt wurde. Ähnliches gilt für die Industrieproduktion. Zum bekanntesten lettischen Produkt auf dem Weltmarkt entwickelte sich die Kleinbildkamera Minox. Um der heranwachsenden Generation eine fundierte Ausbildung zu ermöglichen, öffnete am 28. September 1919 die erste Universität in Riga ihre Tore. Lettische Studenten hatten sich zuvor in Tartu oder St. Petersburg einschreiben müssen.

Die Minderheiten besaßen ihre eigenen Grundschulen und einen ihrem Bevölkerungsanteil entsprechenden bestimmten Proporz an den weiterführenden Schulen. Sie konnten ihre Sprache ungehindert pflegen, darin publizieren und waren auch sonst keinen Einschränkungen unterworfen.

Nicht ganz so erfolgreich wie die Wirtschaft und das Erziehungswesen verlief die politische Konsolidierung. Im 100-köpfigen Parlament (*Saeima*) waren bis zu 20 Parteien vertreten. Eine Regierungsbildung war entsprechend schwierig, die Gräben zwischen den Sozialdemokraten und den rechten Gruppierungen waren tief. So endete die parlamentarisch-demokratische Epoche in der Nacht vom 15. auf den 16. Mai 1934. Staatsgründer und Ministerpräsident Kārlis Ulmanis vom Bauernbund verhängte das Kriegsrecht, schaltete das Parlament aus und erhob sich selbst zum Alleinherrscher. Die Agitation radikaler Gruppierungen von rechts und links diente ihm als Rechtfertigung für diesen Schritt. Durch lettisch-nationalistische Propaganda verschaffte er sich im folgenden eine gewisse Popularität. Zudem bescherte er dem Land einen weiteren wirtschaftlichen Aufschwung. Die Lebens-

Kārlis Ulmanis

Ohne Frage war Kārlis Ulmanis die prägende Gestalt der ersten lettischen Republik – im Guten wie im Schlechten. Daß heute vor allem seine Errungenschaften in den Mittelpunkt gestellt werden, hat nicht nur etwas mit Verdrängung zu tun – wie manche ausländische Beobachter den Letten vorwerfen –, sondern auch mit den Erfahrungen, die das lettische Volk nach seiner Absetzung machen mußte, sowie mit seinem eigenen tragischen Ende.

Kārlis Ulmanis wurde am 4. September 1877 als Bauernsohn in der Provinz Lettgallen geboren. 1905 nahm er an der allgemeinen Erhebung gegen das zaristische Regime teil und wurde dafür inhaftiert. Nach seiner Freilassung ging er zum Studium der Agrarwissenschaften über Deutschland in die USA, wo er sein Studium an der Universität von Nebraska abschloß.

Als sich die Situation in seiner Heimat etwas entspannt hatte, kehrte er zurück und geriet bald in die Wirren der Februarrevolution von 1917. Er wurde Mitbegründer der Bauerngewerkschaft und Vizegouverneur der Provinz Livland. Die Ausgangsbedingungen für die Unabhängigkeit waren in keinem der baltischen Staaten so schwierig wie in Lettland. Das ausgeblutete Land war tief gespalten in ein pro-bolschewistisches und ein bürgerlich-nationales Lager. Mit der Proklamation der Unabhängigkeit am 18. November 1918 dokumentierte Ulmanis seine eigene Vielschichtigkeit: Er war stur, ambitioniert und machtbewußt, aber auch ein zäher Arbeiter mit großer Kompetenz in vielen Bereichen und Mut zu risikoreichen Unternehmen. So gelang es ihm, allen Widerständen zum Trotz, die proklamierte Unabhängigkeit Wirklichkeit werden zu lassen.

Die alltägliche politische Praxis mit endlosen Auseinandersetzungen in einem zersplitterten Parlament war Ulmanis eher zuwider. Seine demokratische Gesinnung war nicht ausgeprägt genug, um sich den Regeln zu unterwerfen. Immer unverblümter orientierte er sich an Mussolini in Italien. Am 15. Mai 1934 schaltete er das Parlament aus und regierte

bedingungen vieler Menschen verbesserten sich, und das Land erzielte einen Außenhandelsüberschuß.

Zwischen Hammer und Amboß

Das weitere Schicksal Lettlands wurde in Moskau ausgehandelt. Am 23. August 1939 schlossen dort das Deutsche Reich und die Sowjetunion den berüchtigten Nichtangriffspakt, der den Nazis

fortan als Alleinherrscher. Zwei Jahre später übernahm er auch das Amt des Staatspräsidenten. Wie der Duce liebte Ulmanis den Personenkult und ließ sich *vadonis* nennen, auf deutsch „Führer". Dennoch wäre es unangemessen, ihn als totalitären Herrscher zu betrachten. Eher war er ein egozentrischer Autokrat; ein recht provinzieller dazu, denn in den sechs Jahren als Staatsoberhaupt trat er nicht eine Auslandsreise an.
Lettische Historiker sehen die Entwicklung vor dem Hintergrund einer allgemeinen Hinwendung zu autoritären Regimen im Europa der 30er Jahre sowie einer Ablehnung westlich-liberaler Ideen durch die lettische Landbevölkerung, die Ulmanis' Basis bildete. So gab es kaum nennenswerten Widerstand gegen den Staatsstreich. Ulmanis' unbestreitbare Fähigkeiten bescherten dem Land denn auch einen bemerkenswerten wirtschaftlichen Aufschwung. Zudem investierte er viel in die Ausbildung. Allein in einem Jahr wurden 94 neue Schulen gebaut.
Der Einmarsch sowjetischer Panzer am 17. Juni 1940 beendete die Ära Ulmanis. Daß er nicht zum Widerstand gegen die Besetzung aufrief, was ihm hin und wieder vorgeworfen wird, verhinderte ein großes Blutvergießen. Im Umgang mit Stalins Sowjetunion zeigte sich Ulmanis' mangelnde außenpolitische Erfahrung. Er glaubte, durch Kompromißbereitschaft gegenüber dem totalitären Diktator Lettlands Unabhängigkeit erhalten oder wenigstens seine eigene Haut retten zu können. Beides war eine Fehleinschätzung. Trotz gegenteiliger sowjetischer Aussagen wurde Ulmanis beim Versuch, über Moskau in die Schweiz zu emigrieren, dort verhaftet und nach Turkmenbashi (früher Krasnowodsk, Turkmenistan) verbannt. Am 20. September 1942 starb er und wurde in einem Massengrab verscharrt.
Nicht nur im Bewußtsein der Menschen ist sein Erbe lebendiger denn je. Im Juli 1993 trat sein Großneffe Guntis Ulmanis das Amt des Staatspräsidenten an.

freie Hand für den Angriff auf Polen ließ, welcher den Zweiten Weltkrieg auslöste. Ein geheimes Zusatzprotokoll, dessen Existenz in der Sowjetunion lange bestritten wurde, teilte Osteuropa unter den beiden Ländern auf. Lettland fiel dabei, wie der Rest des Baltikums, an die UdSSR. Am 5. Oktober 1939 zwang die Sowjetführung das kleine Land zu einem Beistandspakt, durch den sich die Rote Armee Stützpunkte in Liepāja und Ventspils sicherte. Bis dahin klammerten sich die lettischen Politiker an die

Hoffnung, sie könnten ihre Eigenständigkeit bewahren, wenn sie nur auf Stalins Forderungen eingingen. Am 17. Juli 1940 mußte diese Hoffnung endgültig begraben werden. Die Rote Armee besetzte das gesamte Land. Sogleich begannen Massenverhaftungen und erste Deportationen. Opfer waren vor allem diejenigen, die Lettland zu Beginn der Unabhängigkeit gegen die sowjetischen Angriffe verteidigt hatten. Insgesamt wurden bis zum Einmarsch der Nazis über 20000 Menschen verhaftet und verschleppt. Die meisten von ihnen sind nie wieder aufgetaucht.

Am 22. Juni 1941 griff Deutschland – für Stalin völlig überraschend – die Sowjetunion an. Damit wurden die stalinistischen Exzesse unterbrochen, doch kamen die Deutschen nicht als Befreier. Gleichwohl verbanden die Einheimischen große Hoffnungen mit ihnen. Nur eine Woche nach Überschreitung der sowjetischen Grenze nahm die Wehrmacht Riga ein. Die Heeresleitung sah jedoch keinen Grund, die antisowjetische Stimmung im Land zur Stabilisierung der eigenen Herrschaft zu nutzen; denn die Deutschen waren damals noch überzeugt, die Sowjetunion allein besiegen zu können. Erst nach der Niederlage von Stalingrad begann die Rekrutierung lettischer Verbände für die SS. Zunächst geschah dies auf freiwilliger Basis. Als jedoch der Bedarf an Kämpfern wuchs, wurden ganze Jahrgänge zur SS zwangseingezogen. Da die Letten die sowjetische Besetzung mehr fürchteten als die deutsche und sich die Wehrmacht keine besonderen Grausamkeiten gegen lettische Zivilisten zuschulden kommen ließ, waren die einheimischen Verbände eine wichtige Stütze für Hitlers Armee. Die deutsche Niederlage konnten sie gleichwohl nicht aufhalten, auch wenn sich der Widerstand gegen die erneute sowjetische Besetzung in Lettland am längsten im gesamten Baltikum halten konnte. Riga fiel am 13. Oktober 1944 in die Hand der Roten Armee. Die letzten Einheiten in Kurland ergaben sich erst mit der deutschen Kapitulation.

Der erneut einsetzende Terror der Sowjets traf nun vor allem Personen, die der Kollaboration mit den Deutschen bezichtigt wurden. Zehntausende wurden in den folgenden Jahren nach Sibirien deportiert. Gleichzeitig versuchten viele, nach Skandinavien oder Westeuropa zu entkommen. Der Historiker Alexander Schmidt schätzt, daß Lettland durch die Kriegshandlungen und den Nachkriegsterror etwa 20% seiner Bevölkerung verloren hat (Schmidt, 1992, S. 330).

Gedenkstätte im ehemaligen Vernichtungslager Salaspils mit der Inschrift: „Hinter diesem Tor stöhnt die Erde" – Foto: K. Ludwig

Die Letten haben sich mit der erneuten Einverleibung in die Sowjetunion nie abgefunden. Weitgehend unbemerkt von der Öffentlichkeit in Westeuropa führten sie einen zehnjährigen Partisanenkrieg gegen die hochüberlegene Rote Armee. A. Schmidt schreibt darüber: „Die Widerstandsbewegung in den baltischen Ländern Ende der vierziger Jahre kann zur Zeit ihres Höhepunktes mit der des Vietcong in Südvietnam verglichen werden, der Stärke nach, der Ausrüstung nach und der Unterstützung nach, die sie aus der Bevölkerung erhielt." (Schmidt, 1992., S. 331f.). Die Zahl der „Waldbrüder", wie die Partisanen genannt wurden, betrug in Lettland etwa 20 000. Manche von ihnen hatten zuvor auch gegen die Nazis gekämpft. Letztlich scheiterten sie an ihrer Isolation und dem Desinteresse der Westmächte. Ungeachtet der antikommunistischen Töne in den westeuropäischen Hauptstädten galten dort die Gebietsansprüche der Sowjetunion mehr als das Selbstbestimmungsrecht der Balten. Als der Westen auf die Niederschlagung der Volksaufstände in der DDR 1953 und Un-

Der Holocaust

Mit dem Zweiten Weltkrieg endete für die Juden die Epoche der Toleranz und Entfaltung. Sie gerieten zwischen alle Fronten. Typisch ist der Ausspruch eines jüdischen Politikers beim Einmarsch der Roten Armee in Riga: „Es ist besser, den Schlüssel seines Geschäfts Stalin zu übergeben als seinen Kopf Hitler." Die Tragik war nur, daß sich Stalin nicht mit dem Schlüssel begnügte. Bezeichnend für die Ausweglosigkeit der lettischen Juden jener Zeit ist das Schicksal zweier ihrer bedeutendsten Repräsentanten. Der Jurist Prof. Paul Minz, Verfasser des lettischen Kriminalkodex, wurde von der Roten Armee inhaftiert und 1941 ermordet. Im gleichen Jahr verhafteten die Nazis den Architekten Paul Mandelstamm, von dem wichtige Gebäude im Zentrum Rigas stammen. Er wurde Opfer des braunen Terrors.

Unter den 15 000 Menschen in Lettland, die von den stalinistischen Massendeportationen betroffen waren, war ein Drittel Juden. Mit dem Einmarsch der deutschen Armee begann die Vernichtung der Juden. Die SS-Einsatzkommandos gingen von Beginn an mit großer Brutalität vor, um Lettland „judenfrei" zu machen. Auch viele Einheimische beteiligten sich daran. Berüchtigt wurde vor allem die Arajs-Brigade. Auf das Konto des 31jährigen Victor Arajs ging unter anderem der Brand der großen Synagoge in der Moskauer Vorstadt. Das Gotteshaus wurde von Arajs Männern niedergebrannt, als es vollbesetzt war. Sie verbarrikadierten die Eingänge und schossen auf alle, die versuchten, den Flammen zu entkommen. Bei dem Brand starben mehrere hundert Menschen. Nach dem Krieg setzte sich Victor Arajs nach Deutschland ab, wo er unter dem Mädchennamen seiner Frau bis 1975 unbehelligt blieb. Dann wurde er enttarnt und zu einer lebenslangen Freiheitsstrafe verurteilt. 1988 starb er im Gefängnis.

In Riga errichteten die Nazi ein großes Ghetto, in das auch Juden aus Deutschland und aus anderen besetzten Gebieten deportiert wurden. Wer noch bei Kräften war, wurde zu Arbeitseinsätzen verschiedener Art herangezogen. Auf die anderen warteten zwei Vernichtungslager vor den Toren der Stadt, Salaspils im Süden und Kaiserwald im Norden. Damit war Riga eines der wichtigsten Zentren des Holocaust in Nordosteuropa.

Nach einem Aufstand im Herbst 1943 wurde das Rigaer Ghetto am 20. Dezember auf Befehl Himmlers von der SS aufgelöst. Die wenigen Überlebenden wurden vor der heranrückenden Roten Armee nach Westen deportiert. Bei der Rückeroberung Lettlands durch die Rote Armee zählte man noch etwa 175 Juden, die dank der Unterstützung durch Einheimische den Holocaust überlebt hatten.

garn 1956 nur mit rhetorischen Pflichtübungen reagierte, war die Moral der „Waldbrüder" endgültig untergraben.

Langsame Entstalinisierung

Nach Stalins Tod am 5. März 1953 entspannte sich die Lage für die Letten allmählich. Die Deportationen und andere brutale Menschenrechtsverletzungen wurden eingestellt. Was blieb, war die Repression gegen jede Art von Opposition sowie die Russifizierung und Kollektivierung. Hunderttausende von Russen wurden in den städtischen Industriezentren angesiedelt und stellten dort schon bald die Bevölkerungsmehrheit. Das gilt vor allem für Riga und Daugavpils, die zweitgrößte Stadt des Landes. Auch in der Hafenstadt Ventspils ist der russische Bevölkerungsanteil hoch. Zwischen 1934 und der letzten Volkszählung 1989 hat sich die demographische Aufteilung folgendermaßen verändert:

Nationale Zusammensetzung der Bevölkerung Lettlands in %			
	1935	1959	1989
Gesamtbevölkerung	1 950 502	2 093 985	2 666 567
Letten	75,7	62,0	52,0
Russen/Ukrainer/Weißrussen	12,1	30,9	42,0
Deutsche	3,2	0,1	0,1
andere	9,0	7,0	5,9
Quelle: Baltisches Jahrbuch 1989			

In der Produktion von technischen Geräten, Lederwaren und Möbeln zählte Lettland zu den führenden Regionen, doch aufgrund ihres Mißtrauens setzte die Führung in Moskau überwiegend auf russische Arbeiter. Die Politik der Russifizierung umfaßte alle gesellschaftlichen Bereiche. Russisch wurde zur Amts- und ersten Unterrichtssprache erhoben und beherrschte auch den Kultur- und Medienbereich. Jedweder Widerstand gegen diese Politik, ja bereits die Betonung der eigenen Identität, wurde als „antisowjetische Propaganda" ausgelegt und mit langen Haftstrafen geahndet. Den Verurteilten drohten unmenschliche Arbeitslager weit entfernt von Lettland. In den 80er Jahren stellten die baltischen Republiken bei 3% der Bevölkerung 30% der politischen Gefangenen in der UdSSR.

Neue Hoffnung

Mit der Wahl von Michael Gorbatschow zum Generalsekretär der KPdSU im März 1985 keimte für die Letten allmählich neue Hoffnung auf. Zwei Jahre nach seinem Machtantritt besuchte Gorbatschow zum ersten Mal Riga. Er äußerte Verständnis für die weitverbreitete Unzufriedenheit, erteilte jedoch „nationalen Bestrebungen" eine klare Absage. Mit dem KP-Chef Jānis Vagris war noch drei Monate nach Gorbatschows Machtantritt ein Funktionär der alten Garde an die Macht gekommen, nachdem sein Vorgänger Pēteris Strautmanis die „nationalistischen Aktivitäten" nicht in den Griff bekommen hatte. Die Entwicklung hin zu mehr Eigenständigkeit ließ sich jedoch nicht mehr aufhalten. Im April 1986 kritisierte der Schriftstellerverband öffentlich die Zurückdrängung der lettischen Sprache und die Verfälschung der Geschichte. Diese Initiative machte Schule, denn wenige Monate später gründeten oppositionelle Arbeiter in Liepāja die Dissidentengruppe Helsinki 86, die im folgenden eine wichtige Rolle spielte; sie organisierte nämlich die ersten großen Demonstrationen nach dem Zweiten Weltkrieg. Am 14. Juni 1987 versammelten sich vor dem Freiheitsdenkmal in Riga mehrere tausend Menschen, um der stalinistischen Massendeportationen zu gedenken. Im Oktober 1988 gründete die Nationalbewegung die „Volksfront" (*Tautas Fronte*), die erste politische Gruppierung außerhalb des Machtmonopols der KPdSU. Innerhalb kurzer Zeit wurde sie zu dem, wovon die Kommunisten immer geträumt hatten – einer Massenbewegung im besten Sinn.

Da die alte kommunistische Führung die Situation nicht mehr in den Griff bekam, überließ sie das Feld den Reformkräften, die mehr Verständnis für die Forderung nach Selbstbestimmung aufbrachten.

Ende März 1989 fanden in der Sowjetunion erstmals freie Wahlen zum Volksdeputiertenkongreß statt. In Lettland kandidierte auch die „Volksfront", deren Vertreter eine klare Stimmenmehrheit erhielten. Am 28. Juli verabschiedete der von diesen dominierte Oberste Rat in Riga eine Souveränitätserklärung, die lettisches Recht über sowjetisches stellte. Der 50. Jahrestag des Hitler-Stalin-Pakts am 23. August 1989 wurde zu einem Höhepunkt der öffentlichen Proteste. Um die schicksalhafte Verbundenheit der drei Republiken zu demonstrieren, organisierten die lettische, estnische

Demonstranten und Staatsgewalt debattieren – Foto: K. Ludwig

und litauische Volksfront den sog. Baltischen Weg, eine Menschenkette von Tallinn über Riga nach Vilnius. Mit mehr als einer Million Teilnehmern zog sich die Kette über 600 km hin. Die wichtigste Forderung an Moskau lautete dabei, die Folgen des unseligen Paktes aufzuheben. Davon ließ sich der Volksdeputiertenkongreß in Moskau beeindrucken; am 24. Dezember 1989 erklärte er den Hitler-Stalin-Pakt für ungültig. Damit war der Weg für die Wiederherstellung der Unabhängigkeit bereitet.

Noch gaben die Vertreter der alten Ordnung jedoch nicht auf. Am 20. Januar 1991 stürmten Elitetruppen der Roten Armee, die OMON-Einheiten, das Innenministerium in Riga. Bei der Aktion starben vier Menschen, darunter der weit über die Landesgrenzen hinaus bekannte Dokumentarfilmer Andris Slapiņš.

Am 2./3. März 1991 rief der Oberste Rat in Riga zu einer Volksabstimmung über die Wiederherstellung der Unabhängigkeit auf. Angesichts eines lettischen Bevölkerungsanteils von nur 53% wurden die Ergebnisse mit großer Spannung erwartet.

Geschichte 59

Andris Slapiņš

„Ganze Schichten der Zivilisation wurden bereits vor der Zeit zerstört. Mitunter hat man das Gefühl, daß man in einem Trauerzug mitgeht", sagte Andris Slapiņš einmal über den Lauf der Geschichte. Seine Aufgabe sah er darin, das festzuhalten, was von der Welteinheitskultur noch nicht niedergewalzt worden war. Das betraf alte lettische Sonnenwendfeiern ebenso wie schamanistische Rituale aus Sibirien oder Traditionen afrikanischer Völker. Slapiņš dokumentierte Multikultur im besten Sinn. Sein Interesse an fremden Völkern und Kulturen war alles andere als voyeuristisch. Er schätzte das Fremde vor der eigenen Haustür und in fernen Gebieten. Damit wurde er zwangsläufig zum Gegner jeder Form von Totalitarismus. Dennoch hat er es verstanden, auch in einem System wie dem der Sowjetunion die Freiräume zu nutzen. Seine Dokumentarfilme über die arktischen Völker Sibiriens gehören zum Besten und Einfühlsamsten dieses Genres. Allmählich erlangte er damit auch über die Landesgrenzen hinaus Anerkennung. Seine internationale Karriere schien er noch vor sich zu haben, und auch an Plänen mangelte es ihm nicht – bis ihn OMON-Einheiten gezielt von hinten erschossen, um einen Zeugen ihrer Gewalt beiseite zu schaffen. Andris Slapiņš wurde nur 41 Jahre alt. Am Ort der Bluttat nicht weit vom Freiheitsdenkmal in Riga erinnert ein Gedenkstein an ihn.

Schließlich stimmten bei einer Wahlbeteiligung von 87,5 % 73,6 % dafür. Offenkundig hatte auch ein großer Teil der Russen für die Loslösung votiert. Dadurch gestärkt untermauerte die Regierung ihren Machtanspruch auch durch äußere Zeichen wie Zollstationen und Grenzposten mit lettischer Flagge.

Am 19. August unternahm die kommunistische Nomenklatura in Moskau einen letzten Versuch, den Zerfall der sowjetischen Macht aufzuhalten. Während Unionspräsident Gorbatschow auf der Krim weilte, erklärte ihn ein „Notstandskomitee" für abgesetzt und verhängte den Ausnahmezustand. Dem Komitee gehörte auch der lettische Kommunist und Innenminister Boris Pujo an. Der Putsch scheiterte nach zwei Tagen am entschiedenen Widerstand des Präsidenten der Russischen Föderativen Sowjetrepublik (nun: „Rußländische Förderation"), also Boris Jelzins und seiner Anhänger. Die baltischen Nationen nutzen die Gunst der Stunde, um ihre Anerkennung auch international durchzusetzen. Boris Pujo erschoß sich nach der Niederschlagung des Putsches.

Von der Gründung Rigas bis zum Hitler-Stalin-Pakt: Deutsche Spuren in Lettland

„Was den Deutschen in sieben Jahrhunderten nicht gelungen ist, haben die Russen in wenigen Jahren zustande gebracht: daß die Letten die Deutschen lieben."

Wer heute durch das Land reist, findet dieses Zitat eines russischen Historikers immer wieder bestätigt. Es spielt natürlich auf die negativen Folgen der sowjetrussischen Besetzung an, doch auch unabhängig davon sehen viele Letten die gemeinsame 700jährige Geschichte mit den Deutschen bemerkenswert positiv. Selbst wenn man in Betracht zieht, daß vergangenes Unrecht im Bewußtsein der Menschen allmählich verblaßt, reicht das zur Erklärung nicht aus. Viele Letten sind sich bewußt, daß deutsche Lehrer und Pastoren seit der Aufklärung im späten 18. Jahrhundert einen wichtigen Beitrag zur nationalen Emanzipation geleistet haben. Jeder Versuch, das deutsche Erbe in Lettland einer pauschalen Beurteilung zu unterwerfen, greift zu kurz. Es hat viele Gesichter und wird heute wieder in seiner ganzen Bandbreite wahrgenommen.

Erfolgreiche Christianisierung

Schon Jahrhunderte bevor deutsche Ritter und Missionare an der Düna auftauchten, hatte es Kontakte zwischen Deutschen und Letten gegeben. Händler aus Westfalen und Sachsen segelten seit dem 9. Jahrhundert die baltische Küste hinauf, um zwischen Skandinavien und Byzanz Geschäfte zu machen. Sie blieben jedoch gegenüber den Wikingern in der Minderzahl und hinterließen keine dauerhaften Spuren. Anders die Ordensritter, die sich im Gefolge der Händler ab 1180 zwischen der Düna und der Narva ausbreiteten.

Die Zahl der Deutschen im Livländischen Ordensstaat betrug nie mehr als 4000. Dennoch war ihr gesellschaftlicher Einfluß so groß, daß die Entwicklung einer eigenen lettischen Identität für Jahrhunderte unterbrochen wurde. Zwar konnte sich die einheimische Lied- und Erzählkultur ebenso wie die materielle Kultur (Kleidung, Schmuck, Häuserbau u. a.) erhalten, aber das Bewußtsein der Menschen wurde maßgeblich von den Deutschen beeinflußt. Zudem blieb es den Letten bis ins 19. Jahrhundert hinein verwehrt, sich politisch zu organisieren.

Den nachhaltigsten Einfluß übte die Christianisierung aus. Nach anfänglichem Widerstand verschwanden die vorchristlichen Religionen und Mythen im Untergrund, wo sie jedoch noch lange weiterlebten. Das Christentum ist ein Teil der nationalen Identität geworden, und viele pflichten dem populären Komponisten Imants Kalniņš bei, der mir in einem Interview sagte: „Die Art und Weise, wie das Christentum zu uns gekommen ist, war natürlich nicht gut. Doch die Tatsache, daß es gekommen ist, betrachten wir als sehr nützlich, denn dadurch erhielten wir eine neue Ethik der Liebe und des Vergebens."

Die Reformation machte das Christentum schließlich zur Volksreligion. Ihr Erfolg in Lettland ist vor allem mit einem Namen verbunden, dem aus Ostpreußen stammenden Andreas Knopken. 1522 ließ er sich als Beauftragter Martin Luthers in Riga nieder. In der Petri-Kirche kam es zu einem berühmt gewordenen Disput zwischen ihm und Vertretern des Katholizismus; danach trat der größte Teil der Bürger der Stadt zum Protestantismus über. Anschließend wirkte Knopken bis zu seinem Tod 1539 als Pastor in Riga. Die Rigaer Bürger sahen im Protestantismus auch eine Gegenmacht zum ungeliebten Deutschen Orden, der weiterhin dem alten Glauben die Treue hielt.

Die Reformatoren beschränkten sich jedoch nicht auf die Städte. Dort lebten überwiegend Deutsche, und somit hätte das Christentum die Letten nie erreicht. Die Reformatoren lernten die lettische Sprache, entwickelten eine Schrift und gründeten Gemeinden unter der lettischen Landbevölkerung. Damit verbuchten sie große Bekehrungserfolge, die nicht nur religiös, sondern auch gesellschaftlich zu erklären sind. Viele Letten erhofften sich einen sozialen Aufstieg, wenn sie zur Religion der Oberschicht übertraten.

Der Erfolg der Reformatoren motivierte Jesuitenpadres in der zweiten Hälfte des 16. Jahrhunderts, ebenfalls die lettischen Sprache zu lernen und durch Missionsbemühungen auf dem Land den Verlust der Städte auszugleichen. Das gelang ihnen vor allem in der östlichen Provinz Lettgallen, die bis heute überwiegend katholisch ist. Immerhin geht das erste in lettischer Sprache gedruckte Buch „Der kleine Katechismus" auf den Jesuiten Erdmann Tolgsdorf im Jahr 1585 zurück. Die Protestanten folgten ein Jahr später mit der Herausgabe von Psalmen und geistlichen Liedern. 1638 wurde das erste lettische Wörterbuch veröffentlicht; 1689 erschien nach achtjähriger Arbeit schließlich die erste lettische Bibelübersetzung von Pastor Ernst Gluck.

Populärer Pietismus

Die Protestanten haben es dem Pietismus zu verdanken, daß der Gegenreformation enge Grenzen gesetzt waren. Diese Bewegung breitete sich seit dem 17. Jahrhundert im Land aus. Sie setzte auf die Erneuerung der Kirche gegen die herrschende Orthodoxie. Die Pietisten forderten ein einfaches Leben auf der Basis von Frömmigkeit, Gehorsam, Tugendhaftigkeit und Treue zur Bibel, die sie wörtlich als Gottes Offenbarung betrachteten.

Ihre religiöse Praxis sprach sehr stark die Emotionen der Menschen an. Im Vordergrund standen das Liedgut, Bibelabende, persönliche Seelsorge, Jugendarbeit sowie soziale Werke und eine glühende Missionstätigkeit. Zum Kopf des deutschen Pietismus wurde Philipp Jacob Spener (1635–1705), der vor allem in Frankfurt und Berlin wirkte. Zu ihm unterhielten deutsche Pietisten in Lettland enge Beziehungen. Dadurch konnte im frühen 18. Jahrhundert die bekannteste pietistische Gruppierung nachhaltigen Einfluß gewinnen: die Herrnhuter Brüdergemeinde, deren Auftreten besonders volkstümlich war. Viele ihrer Mitglieder beherrschten die lettische Sprache und übersetzten mit großem Fleiß verschiedene Erbauungsbücher, die eine einfache, populäre Ethik vermittelten. Das Gemeindeleben sowie der Zusammenhalt über ethnische und soziale Grenzen hinweg wurde bei den Herrnhutern großgeschrieben – sofern die Einheimischen das Christentum annahmen. Die traditionellen Überlieferungen und Glaubensvorstellungen wurden von ihnen scharf bekämpft.

In den Kirchen schufen deutsche Maler und Bildhauer Kunstwerke, von denen manche die Jahrhunderte überdauert haben und noch heute zu bewundern sind.

Der Landadel und die Hanse

Wirtschaftliche Interessen waren neben dem Glauben im Livländischen Ordensstaat die zweite wichtige Triebfeder. Der deutsche Landadel konnte seine Privilegien unter verschiedenen Herrschern sogar bis zur Unabhängigkeit des Landes 1918 bewahren. Im Gegensatz zu den Missionaren hatten die Adeligen kaum Interesse an Kontakten zu den Einheimischen. Diese waren Leibeigene und billige Arbeitskräfte auf deutschen Höfen, ihre Sprache und Kultur wurde – von Ausnahmen abgesehen – weder geachtet noch gefördert. Aufgrund der klaren sozialen Hierarchie sahen die Adeligen auch keine Veranlassung, die demographischen Verhältnisse durch die Ansiedlung deutscher Bauern zu verändern. Der deutschnationale Historiker Heinrich von Treitschke bezichtigte die deutschen Gutsbesitzer deshalb sogar der „volkstumspolitischen Unterlassungssünde".

Spuren der 700jährigen deutschen Wirtschaftsdominanz sind noch heute zu sehen. Eindrucksvolle Herrenhäuser und weitläufige Landsitze vermitteln einen Eindruck von dem Reichtum, den der deutsche Landadel in Lettland besaß. Am Ende der Zarenherrschaft gab es im Land mehr als 1200 Gutshöfe in überwiegend deutscher Hand mit einer durchschnittlichen Fläche von etwa 2000 ha. Manchen Güter bildeten eigene Verwaltungseinheiten, zu denen Dörfer mit Tausenden von Menschen gehörten. Nach der Enteignung, die in Lettland rigoroser durchgeführt wurde als in Estland, blieben den alten Herren noch 2% ihres vorherigen Besitzes.

Der dritte Pfeiler der deutschen Herrschaft in Lettland war die Hanse. Ihr gehörten acht Städte an: Riga, Goldingen (Kuldīga), Hasenpoth (Aizpute), Kokenhusen (Koknese), Lemsal (Limbaži), Wenden (Cēsis), Windau (Ventspils) und Wolmar (Valmiera). Ihre wichtigsten Handelspartner waren die anderen Hansestädte im Ostseebereich sowie die russischen Fürstentümer. Das weite Hinterland diente ihnen als billiges Rohstoffreservoir für Getreide, Flachs, Hanf, Holz, Honig, Bernstein und andere Produkte, die von Riga oder Windau aus ihre Abnehmer fanden. Auf den Hansetagen im Deutschen Reich waren die lettischen Städte regelmäßig vertreten.

Mit dem Dreißigjährigen Krieg zerfiel die Macht der Hanse im Deutschen Reich. Auf dem letzten Hansetag im Juni 1669 waren

Die Gilden

Im Stadtkern von Riga, nicht weit vom Dom und der Petri-Kirche entfernt, befindet sich ein dreieckiger Platz, der von zwei Häusern dominiert wird, die früher zu den Zentren der deutschen Macht zählten. Hier residierten die Große und die Kleine Gilde. Zur Großen Gilde, auch Mariengilde genannt, zählten die verheirateten Kaufleute. Die Gründung dieser Einrichtung geht in das Jahr 1252 zurück, der Grundstock für das Gebäude wurde 1384 gelegt, und in seiner jetzigen Form steht es seit dem Jahr 1858. Heute beherbergt es die lettische Philharmonie. Die Kleine Gilde oder Johannesgilde war die Interessensvertretung der Handwerker. Ihr ursprüngliches Haus wurde 1864 abgerissen, dann aber im neugotischen Stil wieder aufgebaut.

Das imposanteste der Gildenhäuser war jedoch das Schwarzhäupterhaus am Rathausplatz. Zu den Schwarzhäuptern zählten die unverheirateten Kaufleute, ihr Patron war der schwarze St. Mauritius. Mit der Heirat traten sie der Großen Gilde bei. Ihr Gebäude im gotischen Stil stammte aus dem Jahr 1334. Beeindruckend war vor allem die 27 m hohe Fassade. Die Stufengiebel waren mit Blendenbögen, Voluten, kleinen Obelisken und Plastiken geschmückt. Auf der Spitze wehte eine kunstvolle Wetterfahne. 1941 wurde das Schwarzhäupterhaus durch die Kriegshandlungen schwer beschädigt, die Fassade blieb jedoch erhalten. Dennoch beschloß die sowjetische Stadtverwaltung 1948, das Gebäude abzureißen; wohl in erster Linie, damit der Teil der Vergangenheit aus dem öffentlichen Bewußtsein getilgt würde, der nicht in die Propaganda paßte. Um gerade an diese Vergangenheit anzuknüpfen, beschloß die Stadtverwaltung nach der Erlangung der Unabhängigkeit, das Haus originalgetreu wiederaufzubauen. Im Frühjahr 1999 wurde es fertiggestellt, zwei Jahre vor den 800-Jahr-Feiern, zu denen sich die Stadt in altem Glanz präsentieren will. Die kostspielige Renovierung soll durch Mieteinnahmen gedeckt werden, das alte Gildenhaus beherbergt heute vor allem Büros. Derzeit ist der Andrang noch nicht sehr groß, denn unmittelbar gegenüber befindet sich eine weitere Großbaustelle. Dort wird das Gebäude der Technischen Universität aus den sechziger Jahren abgerissen. Dafür wird das alte Rathaus wiedererrichtet, das vor der sowjetischen Besetzung dort stand.

nur noch 9 von ehemals 180 Städten vertreten. Damit war die deutsche Dominanz in den lettischen Städten allerdings keinesfalls gebrochen. Bis zur Industrialisierung im späten 19. Jahrhundert, als Scharen von Einheimischen vom Land in die Städte

Der deutsche Dichter und Theologe Herder hat fünf Jahre in Riga gelebt und ist dort aufgrund seines Beitrags zur Erhaltung der lettischen Kultur noch immer sehr geachtet

zogen, bildeten die Deutschen in den Zentren die Bevölkerungsmehrheit. Riga hatte bis 1917 eine deutsche Stadtverwaltung.

Beitrag zur Emanzipation

Der gute Ruf der Deutschen in Lettland geht vor allem auf die Aufklärung zurück. Ein beachtlicher Teil der deutschen Intellektuellen im Land leitete aus den Idealen der Bewegung konkrete Forderungen nach Aufhebung der Leibeigenschaft und Verbesserung der Lebensbedingungen der einheimischen Bevölkerung ab. Dadurch erreichten sie, daß manche Willkür deutscher Großgrundbesitzer, die bis ins 19. Jahrhundert hinein vollständig über die Einheimischen verfügen konnten, an die Öffentlichkeit drang. Solche Bemühungen trugen wesentlich zur Abschaffung der Leibeigenschaft im russischen Reich 1817 bei. Hervorzuheben ist vor allem der 1769 geborene Pfarrerssohn Garlieb Merkel. Mit seiner

Johann Gottfried Herder und Richard Wagner in Riga

Mit zwanzig Jahren kam Johann Gottfried Herder im Jahre 1764 nach Riga. Der aus einem pietistischen Elternhaus in Ostpreußen stammende Aufklärer hatte zuvor in Königsberg Theologie und Philosophie studiert. In Riga erhielt der junge Mann eine Stelle an der Domkirche, wo er drei Jahre später die Ordination erhielt. Daneben wurde er Nachmittagsprediger an einer Kirche in der Vorstadt. An beiden Wirkungsstätten erregte er mit seinen geistvollen Predigten bald große Aufmerksamkeit. Darüber hinaus verfaßte er Aufsätze zu literarischen und zeitgeschichtlichen Themen, die ihm ebenfalls früh öffentliche Bewunderung einbrachten. Aber Herder blieb nicht allein der deutschen Kultur verbunden, die damals in Riga vorherrschte. Er gewann großen Respekt vor der lettischen Kultur, die er durch das Zusammentragen und Übersetzen von Texten den Deutschen nahezubringen versuchte. Sein späteres aufklärerisches Werk und seine Ablehnung jeder Form von nationalem Chauvinismus ist in Riga entscheidend geprägt worden. Nach fünf Jahren wurde es ihm dennoch zu eng. Am 3. Juli 1769, kurz vor seinem 25. Geburtstag, verließ er die Baltenmetropole und begab sich auf eine Seereise nach Frankreich. Über den Aufbruch in eine andere Welt hat er ein opulentes Werk verfaßt, „Journal meiner Reise", das erst nach seinem Tod veröffentlicht wurde und 1997 eine neue Auflage im Deutschen Klassiker-Verlag erlebte. Nachhaltig berühmt wurde sein Kommentar zum Abschied: „Ich habe in Livland so frei, so ungebunden gelebt, gehandelt, gelehrt, als ich vielleicht nie mehr imstande sein werde zu leben, zu lehren, zu handeln." Die Wertschätzung war durchaus zweiseitig, denn Herder hat bis heute in Lettland einen sehr guten Namen. Seine ursprüngliche Absicht, nach Riga zurückzukehren, hat er jedoch nie verwirklicht.

Nicht ganz so erfreulich war die Beziehung, die Richard Wagner zu Riga aufbaute. Wagner war ebenfalls noch sehr jung, 24 Jahre, als er sich dort 1837 niederließ und das Amt des Kapellmeisters an der städtischen Oper übernahm. Bekannt wurde er dort vor allem durch aufwendige Operninszenierungen sowie Orchesterkonzerte, bei denen er mit Vorliebe Werke von Beethoven aufführte. Daneben widmete er sich eigenen Kompositionen.

Wagners Motivation, nach Riga zu gehen, war recht profan. Er wollte sich damit von seinen Gläubigern absetzen. Dies gelang ihm jedoch nicht, und auch der Kontakt mit der deutschen Stadtverwaltung erwies sich als schwierig. Im März 1839 verlor er seine Stelle und war noch höher verschuldet als zuvor. Deshalb entschloß er sich erneut zur Flucht, diesmal bei Nacht und Nebel über die Ostsee nach London.

Anklageschrift „Die Letten am Ende des philosophischen Jahrhunderts" trat er für die entrechtete Landbevölkerung ein, die unter der Grausamkeit der deutschen Adeligen zu leiden hatte. Das Deutsche Reich bezichtigte er der Komplizenschaft. Bezeichnenderweise mußte die Schrift 1796 zunächst in Leipzig erscheinen. Nur seine eigene angesehene soziale Stellung bewahrte Merkel vor Verfolgung. Andere Aufklärer, die sich in Riga aufhielten, waren der Kant-Verleger Johann Friedrich Hartknoch sowie der Redakteur Johann Georg Hamann und Gotthard Stenders.

Die Aufklärung sorgte aber nicht nur für eine Verbesserung der sozialen Lage, sondern auch der Bildungssituation. Viele deutsche Pastoren und Lehrer förderten materiell und ideell die Gründung von Volksschulen. In der zweiten Hälfte des 19. Jahrhunderts hatte nahezu die gesamte Landbevölkerung Zugang zur Schulbildung. Dies wiederum wirkte befruchtend auf die lettische Nationalbewegung. Bezeichnenderweise gab es zu Beginn des 20. Jahrhunderts nahezu keine Analphabeten mehr im Land.

Deutscher und russischer Chauvinismus

Mitte des 19. Jahrhunderts wurden die Privilegien der deutschen Elite erstmals wirklich bedroht. Allerdings ging die Gefahr nicht von der baltischen, sondern von der pan-slawischen Bewegung aus. Am Zarenhof gewannen Kräfte an Einfluß, die das informelle, auf gleicher aristokratischer Abstammung basierende Bündnis zwischen deutschem und russischem Adel nicht länger akzeptierten. Sie versuchten stattdessen, Deutsche und Letten gegeneinander auszuspielen, um damit den eigenen Einfluß auszuweiten. Ein Schlüssel dafür war die Konfession. So bemühten sich die Russen, die lettische Bevölkerung zum Übertritt in die Russisch-Orthodoxe Kirche zu bewegen. Etwa 20000 Letten folgten diesem Ruf, doch lagen dieser sog. Konversionsbewegung eher soziale als religiöse Motive zugrunde. Viele einheimische Bauern wurden mit handfesten wirtschaftlichen Vorteilen gelockt. 1866 endete die Monopolstellung der deutschen Handwerker. Die Regierung erließ eine allgemeine Gewerbefreiheit, von der viele Einheimische profitierten. 1887 wurde Russisch zur Unterrichtssprache an den staatlichen Gymnasien erhoben, zwei Jahre später auch an den privaten.

Diese konkreten Maßnahmen im Alltag waren begleitet von Angriffen russischer Publizisten, die den Einfluß der deutschen Intelligenz am Zarenthron eindämmen wollten. Unter ihnen tat sich insbesondere Jurij Samarin hervor, der den Deutschen in einer Denkschrift 1868 vorwarf, gegen die Interessen Rußlands und des Zaren zu arbeiten. Außerdem forderte er dazu auf, den Deutschen entgegenzutreten, die „unser baltisches Küstenland" für bessere Zeiten zusammenhalten würden.

Die Deutschen ließen die Polemik nicht im Raum stehen. Zu ihrem Sprecher wurde Prof. Carl Schirren, ein Historiker von der Universität Dorpat (Tartu). Er verfaßte eine „Livländische Antwort auf Herrn Jurij Samarin", die eine große Wirkung unter den Deutschbalten erzielte. Darin verteidigt Schirren die eigenen Rechte als universelle Prinzipien der Humanität, die durch eine intolerante Großmacht bedroht werden. Allerdings versäumt es Schirren bei der Gelegenheit, das Verhalten der Deutschen gegenüber der lettischen Bevölkerung zu reflektieren. So beschränkten sich die universellen Prinzipien auf die eigene Klientel.

Hoffnung auf Deutschland

Schirren schrieb in seiner „Livländischen Antwort": „Gegen den Instinkt der Zerstörung behaupten wir die großen Privilegien des Rechts, der Gewissensfreiheit, der Menschenwürde, ob auch nur für drei kleine Provinzen. In der Provinz gerettet, sind wir gerettet fürs Reich." Damit leitete er eine Entwicklung ein, die letztlich zum Untergang der Deutschbalten führen sollte: Er verknüpfte deren Schicksal eng mit dem des „Mutterlandes". Unter den Deutschbalten, die so lange von den Ereignissen in Deutschland abgetrennt waren, stieß diese Forderung indes auf fruchtbaren Boden. Eine wachsende Zahl von Intellektuellen wanderte nach Deutschland aus, um dort am politischen Leben teilzunehmen und die Öffentlichkeit für die vermeintlich bedrohten Deutschbalten zu mobilisieren. Schirren wurde dieser Weg aufgezwungen, denn aufgrund der Schrift verlor er 1869 seine Professur.

Andere Publizisten wie Woldemar von Bock und Julius von Eckardt, die 1865 bzw. 1867 das Baltikum verließen, agitierten noch lauter gegen den russischen Einfluß, jedoch mit geringem Erfolg, im Deutschen Reich interessierten sich nämlich nur wenige für die kleine Provinz an der nördlichen Ostsee. Die Einigung des Reiches und der aufziehende Krieg gegen Frankreich bewegten die Menschen ungleich mehr.

Erst danach geriet das Baltikum wieder verstärkt in den Blick der deutschen Politik. Der erfolgreiche Krieg im Westen machte Mut für weitere außenpolitische Abenteuer. Afrika war ein Aufmarschgebiet, doch beim kolonialen Wettlauf mit den anderen europäischen Großmächten war für Deutschland nicht mehr viel übriggeblieben. Also richtete Berlin den Blick nach Osten. Dabei bot sich das Livländische Reich als Brückenkopf für weitere Expansionsbestrebungen an. Deutschbaltische Intellektuelle, die in den Westen übergesiedelt waren, förderten diese Haltung. Vertreter der Deutschbalten, die am Ende Opfer dieser Politik wurden, räumen die zweifelhafte Rolle jener Intellektuellen heute offen ein:

„Damals erreichte die gegen Rußland gerichtete Agitation der baltischen Emigranten in Deutschland ihren Höhepunkt. Sie zielte auf die Abtrennung der westlichen, nicht von Russen besiedelten Randgebiete vom Russischen Reich. Diese Bestrebungen sollten nicht isoliert, sondern im Rahmen der Diskussion um die deutschen Kriegsziele betrachtet werden, an der sich bekanntlich auch binnendeutsche Gelehrte und Publizisten, selbst solche liberaler Geisteshaltung, in durchaus annexionsfreundlichem Sinne beteiligten." (Carl-Schirren-Gesellschaft: Die Deutschbalten, Lüneburg, 2. Aufl. 1978, S. 53)

Die Revolution von 1905 zwang Deutsche und Russen in Lettland, sich wieder zu arrangieren. Die deutschen Gutshöfe und Herrensitze waren ebenso Zielscheibe der Erhebung wie der Besitz der Repräsentanten des Zarenhofs. Gemeinsam behielten sie schließlich die Oberhand und nahmen grausam Rache. Dabei waren die Opfer der Strafexpeditionen und der Feldgerichte erheblich zahlreicher als die Opfer des revolutionären Terrors. Zwar hatten die Deutschbalten ihre Privilegien vorübergehend gesichert und sich als zuverlässige Bündnispartner des Zaren erwiesen, doch bei der einheimischen Bevölkerung waren viele Sympathien verspielt.

Der Erste Weltkrieg

Im Verlauf des Ersten Weltkriegs verstärkten sich die Hoffnungen der Deutschbalten auf einen Anschluß Livlands an das Deutsche Reich. Baltische Emigranten, von denen Theodor Schiemann zu den engsten Vertrauten Kaiser Wilhelms II. gehörte, drängten darauf, das Baltikum bis zur Narva zu besetzen. Zur Rechtfertigung des Vorgehens wurden unter anderem bolschewistische Übergriffe gegen deutsche Adelige herangezogen. Bis 1917 standen die deutschen Truppen am Südufer der Daugava. Im September desselben Jahres nahmen sie Riga ein und planten den Vormarsch nach Norden. Bei der lettischen Bevölkerung stießen sie jedoch auf Ablehnung, so daß allein massive Militärhilfe aus Berlin die Expansion abgesichert hätte. Zwei Ereignisse beendeten schließlich die Träume vom Anschluß Livlands ans Deutsche Reich: der Sturz des Kaisers im November 1918 sowie die Schlacht von Wenden (Cēsis) am 23. Juni 1919, als eine lettische Einheit mit estnischer Unterstützung die baltische Landeswehr besiegte.

Nach der Unabhängigkeit brachte die lettische Regierung eine umfassende Landreform auf den Weg. Damit ging die deutsche Wirtschaftsdominanz nach 700 Jahren zu Ende. Gleichzeitig erhielten die Deutschbalten jedoch kulturelle Autonomie. Viele von ihnen wußten dies jedoch kaum zu schätzen. Es kam zu einer weiteren Abwanderung, insbesondere von Intellektuellen, darunter die Schriftsteller Hermann Graf Keyserling und Werner Bergengruen sowie die Malerin Ida Kerkovius. Die Deutschen stellten in der Republik mit knapp 60000 Menschen 3,2 % der Bevölkerung.

„Heim ins Reich"

Die nationalsozialistische Bewegung wurde von den Deutschbalten aus der Entfernung auf fatale Weise verklärt. Hitlers kämpferische Rhetorik sowie seine scheinbaren Erfolge weckten neue Hoffnungen auf alte Größe, vor allem unter denen, die sich mit dem Verlust ihrer Privilegien nicht hatten abfinden können. Doch auch innenpolitische Gründe in Lettland trugen dazu bei. Nach der Verhängung des Kriegsrechts 1934 schränkte die Regierung Ulmanis die Rechte der Minderheiten ein. Hitler nutzte die Bindung der Deutschbalten an das Reich für seine Ziele rücksichtslos aus. Was er wirklich im Schilde führte, ahnten in Lettland nur wenige. Am 6. Oktober 1939 forderte er in einer Rede vor dem Reichstag die „Heimholung der nicht haltbaren Splitter des deutschen Volkstums". Das betraf neben den Deutschbalten auch die Südtiroler. Zu dem Zeitpunkt hatte Außenminister Ribbentrop die Modalitäten der Umsiedlung in Moskau längst heimlich ausgehandelt. In Lettland und Estland stieß Hitlers Forderung – im Gegensatz zu Südtirol – auf lebhafte Zustimmung. Endlich schien die Chance gekommen, aktiv an den scheinbar so heroischen Taten des deutschen Volkes teilzunehmen, anstatt als ehemals mächtige Minderheit der Gnade einer Nationalregierung ausgeliefert zu sein.

Innerhalb weniger Monate machten sich 80% der Deutschbalten mit einer entsprechenden Entschädigung auf in ihre neue Heimat, die in Westpreußen und im Warthegau liegen sollte. Der Rest folgte bis auf wenige Ausnahmen noch vor dem deutschen Überfall auf die Sowjetunion. Viele Letten verabschiedeten sie mit unverhohlener Genugtuung. Nur etwa 1500 Menschen lehnten den Ruf des „Führers" ab. In Riga, dem Zentrum der Deutschbalten, blieben circa 100 Familien zurück. Prominentester Verweigerer war der überzeugte Antifaschist und Chefredakteur der Rigaschen Rundschau, Paul Schiemann.

Die Aussiedlung der Deutschen war Hitlers Gegenleistung für Stalins Einverständnis mit der deutschen Besetzung Polens. Zudem wollte sich der deutsche gegenüber dem sowjetischen Diktator als vertrauenswürdiger Partner erweisen, damit der Überfall auf die UdSSR umso überraschender erfolgen konnte. Die Deutschbalten waren also nur Marionetten in Hitlers Expansionsplänen.

Die schnelle Besetzung des Landes durch die Wehrmacht bescherte den Deutschbalten keine Rückkehr in ihre Heimat. Die Nazis wollten die grundlegende Neugestaltung Osteuropas erst nach dem „Endsieg" vornehmen. Als der Krieg einen anderen Verlauf nahm, wurden die Deutschbalten im Winter 1944/45 ein zweites Mal unter ungleich härteren Bedingungen umgesiedelt. Etwa die Hälfte von ihnen erreichte 1945 die westlichen Besatzungszonen, ein kleinerer Teil blieb in der sowjetischen Zone, andere emigrierten ins Ausland. Bis heute nehmen die Deutschbalten in der bundesdeutschen Gesellschaft mehr führende Stellungen an Universitäten, in der Publizistik, in den Kirchen oder in der Diplomatie ein, als es ihrem verschwindend geringen Prozentsatz an der Gesamtbevölkerung entspricht.

Die verbliebenen Deutschen

Stalins Sowjetunion ließ den deutschen Antifaschisten, die Hitlers Ruf 1939 nicht gefolgt waren, keinen Raum. Um der Verbannung nach Sibirien oder der Liquidierung zu entgehen, mußten sie ihre Identität preisgeben. Das fiel den meisten allerdings nicht schwer, da sie die lettische Sprache beherrschten und verräterische Papiere den Kriegswirren zum Opfer gefallen sein konnten.

Dennoch haben einige von ihnen ungeachtet der 45jährigen Sowjetdiktatur ihre Identität in der inneren Emigration bewahrt. Als die Freiräume größer wurden, entstand 1988 in Riga ein lettisch-deutscher Kulturverein, der etwa 300 Mitglieder zählt. Der Verein fragt nicht nach der nationalen Zugehörigkeit seiner Mitglieder. Er hofft aber, daß allmählich wieder eine kleine deutsche Kolonie in Riga entsteht, „nicht als Brückenkopf für eine Expansion nach Osten", wie der langjährige Vorsitzende Johann Danos ausdrücklich betont, „sondern um das Kulturerbe zu bewahren, das für Letten und Deutsche von großer Bedeutung ist."

Manche Deutsche bereiten dem lettisch-deutschen Kulturverein jedoch auch Kopfzerbrechen. In den 80er Jahren wurden von der Sowjetregierung mehrere tausend frühere Wolga- und Schwarzmeerdeutsche nach Lettland gebracht, wo sie auf ihre Übersiedlung nach Deutschland warten sollten. Für einige war es nur eine Durchgangsstation; andere blieben länger. Danos beklagt, daß es sich bei ihnen um Entwurzelte handelt, deren Identität im Grunde der „Homo Sovieticus" ist. Ebenso wie Russen, Ukrainer oder Kasachen trugen sie dazu bei, daß die Letten sich im eigenen Land wie eine Minderheit fühlen.

Das ehemals berühmte Ostseebad Libau ist heute die drittgrößte Stadt Lettlands: der eisfreie Hafen Liepāja ist Stützpunkt der Fischfangflotte.

POLITIK UND WIRTSCHAFT

Lettlands Weg ohne den „großen Bruder"

Die Letten haben die Wiederherstellung der Unabhängigkeit immer in einem historischen Zusammenhang gesehen. Damit war endlich das Unrecht getilgt, das ihnen durch den Hitler-Stalin-Pakt angetan worden war. Und es war ihnen wichtig, daß auch das Ausland diesen Hintergrund verstand. Dessen Reaktion auf die dramatischen Ereignisse in Moskau vom August 1991 sorgten in Riga allerdings einmal mehr für Ernüchterung. Statt den Putschisten klarzumachen, daß ihr Vorgehen niemals akzeptiert werden würde, beschränkten sich die westlichen Regierungen darauf, die Einhaltung „internationaler Verpflichtungen" anzumahnen, was selbst den alten Kommunisten nicht schwerfiel. Die Bereitschaft in Washington, Bonn und anderswo war groß, sich mit der alten Garde in Moskau zu arrangieren, auch wenn die Errungenschaften vieler Jahre in Lettland mit einem Schlag vernichtet worden wären.

Aufnahme in die Staatengemeinschaft

Bezeichnenderweise erkannten zunächst kleinere Staaten West- und Nordeuropas wie Island die Unabhängigkeit der Baltenrepubliken völkerrechtlich an. Dank der Initiative Dänemarks entschloß sich die EU am 26. August zu diesem Schritt. Zwei Tage später nahm Deutschland diplomatische Beziehungen mit Lettland auf. Dies ging vor allem auf Außenminister Hans-Dietrich Genscher zurück, der sich – wohl unter dem Einfluß zahlreicher baltendeutscher Diplomaten – über die Bedenken von Bundeskanzler Helmut Kohl hinwegsetzte. Die US-amerikanische Anerkennung folgte erst eine Woche nach der EU. Für dem damaligen US-Präsidenten George Bush stand der Wunsch nach einem „soliden und überzeugenden Partner in Moskau" im Vordergrund.

Der entscheidende Schritt aus Moskau kam jedoch erst am 5. September. Dann endlich unterzeichnete Staatspräsident Gorbatschow ein Dekret, das Lettland gemeinsam mit Estland und Litauen in die Unabhängigkeit entließ. Der Volksdeputiertenkongreß sowie der neu geschaffene Staatsrat stimmten dem zu. Die Haltung des damals pro-baltischen russischen Präsidenten Boris

Die Nationalfahne

Die Symbolik der rot-weiß-roten Nationalfahne geht auf die Lettgallen im 13. Jahrhundert zurück. Ihre Kriegsfahne war rot-weiß, was möglicherweise auf einen frühen slawischen Einfluß schließen läßt. Die Polen, aber auch Verbände der Wikinger, führen seit Beginn ihrer Geschichte diese Farben. Dabei steht Rot für Mut, Großherzigkeit, Liebe und Weiß für die Reinheit, edle Gesinnung.
Die nationale Emanzipationsbewegung knüpfte in der zweiten Hälfte des 19. Jahrhunderts an diese Tradition an. Das erste Sängerfest (s. S. 123 f.) fand 1873 unter einer rot-weißen Fahne statt. Als die Republik unabhängig wurde, drängten sich diese Farben für die Nationalfarbe auf. Eine Schwierigkeit ergab sich jedoch daraus, daß der Gegner des Ersten Weltkriegs, Österreich, dieselben Farben hatte und auch die russische Oktoberrevolution einer roten Fahne folgte. Schließlich wurde ein rot-weiß-roter Entwurf angenommen, bei dem der weiße Streifen in der Mitte nur halb so dick ist wie die roten. Dies läßt zahlreiche Interpretationen zu. Häufig wird der weiße Streifen mit dem Schicksalsfluß Daugava in Verbindung gebracht, an dessen Ufern im Ersten Weltkrieg blutige Schlachten geschlagen wurden. Am 15. Februar 1922 wurden die Farben der Nationalfahne schließlich in der Verfassung verankert.

Jelzin sowie die Anerkennung durch die Staatengemeinschaft ließen Gorbatschow keine andere Wahl mehr. Damit stand auch der Aufnahme in die Vereinten Nationen nichts mehr im Wege. Am 17. September hielt der erste lettische Staatspräsident der Nachkriegszeit, Anatolijs Gorbunovs, dort seine Antrittsrede.

Langwieriger Rückzug

Mit der Anerkennung durch die Staatengemeinschaft waren die innenpolitischen Probleme keinesfalls gelöst; im Gegenteil, nachdem die erste Euphorie verflogen war und sich der politische Alltag nicht länger verdrängen ließ, wurde manchen erst bewußt, welche Aufgaben auf dem Weg zu einem geordneten demokratischen Staatswesen noch vor ihnen lagen. Das größte Problem sahen viele in den etwa 120 000 (nach anderen Quellen 80 000) Sowjetsoldaten sowie den mehr als eine Million nicht-lettischen Zivilisten im Land – überwiegend Russen, aber auch Ukrainer und Weißrussen –, die großenteils nach der Okkupation in den Industriezentren angesiedelt worden waren.

Der Abzug der sowjetischen Armee war für viele das drängendste Thema, denn die Soldaten waren das sichtbare Symbol der jahrzehntelangen Unterdrückung. Die Sowjetunion bzw. Rußland tat sich schwer mit dieser Forderung. In den Verhandlungen verlangten die Letten zunächst einen Abzug innerhalb von zwei Jahren, was Moskau aber ablehnte. In keinem anderen baltischen Staat standen so viele Soldaten und nirgendwo sonst verfügten sie über so viel Besitz. 234 Objekte mit einer Gesamtfläche von über 100 000 ha waren am Ende der Sowjetherrschaft in der Hand der Armee. Die Weigerung, sich rasch zurückzuziehen, hatte auch wirtschaftliche Gründe. Rußland konnte den ausgemusterten Soldaten angesichts der schwierigen Lage kaum eine Perspektive bieten.

Für besondere Irritationen sorgten vier russische Rekruten, die sich im Sommer 1992 den lettischen Behörden stellten. Sie erklärten, zu einem 1000-Mann starken Verband zu gehören, der heimlich von Pskov (Rußland) aus zum Stützpunkt Liepāja (Lettland) geschmuggelt worden sei. Das Vorgehen Moskaus, weitere Truppen zu stationieren statt abzuziehen, blieb jedoch die Ausnahme. Zwei Jahre nach der Wiedererlangung der Unabhängigkeit hatten drei Viertel der sowjetischen Soldaten das Land verlassen. Am 15. März 1994 konnten sich beide Parteien schließlich über den endgültigen Abzug einigen. Als Stichtag wurde der 31. August des laufenden Jahres festgesetzt. Die einzige Ausnahme bildet die Radar-Station in Skrunda im Westen des Landes mit einem hochsensiblen Anti-Raketen-Radarsystem, das in der Verteidigungsstrategie Rußlands eine wichtige Rolle spielt. Da dies nicht leicht ersetzt werden kann, gestand Lettland den Russen zu, die dort stationierten 700 Soldaten bis 1999 im Land zu lassen.

Ein anderer Streitpunkt war die Zukunft von knapp 100 000 pensionierten Armeeangehörigen und ihren Familien mit Wohnsitz in Lettland. Auch hier wurde ein Kompromiß dahingehend erzielt, sie nicht mit Zwang, aber mit finanziellen Verlockungen zur Übersiedelung nach Rußland zu bewegen. Schweden und die USA stellten dafür Mittel bereit.

Streitpunkt Staatsbürgerschaft

Komplizierter als das Schicksal der Soldaten war das der slawischen Zivilisten, die nach der sowjetischen Besetzung ins Land gekommen waren. Das erste Gesetz über die Staatsangehörigkeit vom 15. Oktober 1991 sah rigide Bestimmungen für eine Einbürgerung vor. Erst 16 Jahre legaler Aufenthalt, und zwar gerechnet ab der Unabhängigkeit, gute Kenntnisse in der lettischen Sprache und Geschichte sowie ein Treuebekenntnis zur Republik bildeten die Voraussetzung. Zudem sollte ein Quotensystem die Einbürgerung auf bestimmte Jahrgänge begrenzen. Alle, die nicht unter diese Bestimmungen fallen, gelten als „ständige Einwohner". Damit ist das Wohn- und Arbeitsrecht sowie das Anrecht auf Sozialleistungen und Freizügigkeit innerhalb der ehemaligen Sowjetunion verbunden. Diese Pläne stießen in Moskau wie im westlichen Ausland auf heftige Kritik, und Lettland hatte bald den Ruf, eine intolerante und engstirnige Nationalitätenpolitik zu verfolgen. Ein besonders schwerer Imageverlust war zweifellos die Weigerung des Europarats im Mai 1993, das Land gemeinsam mit Estland und Litauen aufzunehmen.

Die Kritik ignoriert jedoch häufig die historischen Zusammenhänge und zeigt wenig Verständnis für die Sorge um den Erhalt der eigenen Identität in einem Land, in dem die Russifizierung so weit wie nirgends im Baltikum fortgeschritten ist. Sie trifft damit so etwas wie ein nationales Trauma. Deshalb reagieren viele mit entschiedener Abgrenzung, was wiederum im Ausland das Vorurteil nährt, die Letten seien fremdenfeindlich. Gerade deutsche Kritik sollte zurückhaltend sein, nicht nur aufgrund der historischen Verantwortung, die Deutschland für die Okkupation des Landes trägt.

Die Letten haben nicht vergessen, wie gering das Interesse des Auslands an ihrem Schicksal während der Ära Gorbatschow war. Diesem zu helfen, die Einheit der Sowjetunion zu bewahren, galt mehr als die völkerrechtlichen Ansprüche der Balten. Und mit großem Unverständnis registrieren die Letten, wie groß die Fremdenfeindlichkeit in den meisten Staaten Westeuropas ist, aus denen die Kritik kommt. Dabei ist die wirtschaftliche Situation dort erheblich günstiger, und die Fremden stellen einen viel geringeren Prozentsatz der Bevölkerung.

Entwicklung der Bevölkerungsverteilung in Riga			
Jahr	Letten	Deutsche	Russen
1867	23%	43%	25%
1897	45%	24%	16%
1913	42%	18%	19%
1920	55%	16%	7%
1935	63%	12%	8%
1943	72%	1%	6%
1959	43%	unter 0,1%	39%
1989	37%	unter 0,1%	48%

Quellen: Baltica, Hamburg; Ministry of Justice of the Republic of Latvija, Riga

Allmähliche Liberalisierung

Ungeachtet der Enttäuschung über die Kritik haben die lettischen Politiker das Gesetz über die Staatsangehörigkeit immer wieder verbessert. 1993 wurde die erforderliche legale Aufenthaltsdauer auf zehn Jahre beschränkt, ein Jahr später die Quotenregelung und der Sprachtest abgemildert. Dies honorierte der Europarat schließlich, indem er am 31. Januar 1995 Lettland als 34. Mitgliedsstaat aufnahm und dabei die Bemühungen um ein praktikables Einbürgerungsgesetz ausdrücklich hervorhob. Zur der Zeit lebten in Lettland noch etwa 700 000 Nicht-Staatsbürger, knapp ein Drittel der Bevölkerung. Nicht alle legten jedoch Wert auf die lettische Staatsbürgerschaft, da sie sonst für Reisen nach Rußland ein Visum benötigt hätten. Bei fünf bis sechs Reisen pro Jahr kann das recht lästig werden. Der Verdacht drängt sich deshalb auf, daß die Situation der Russen in Lettland von Politikern in Moskau dazu benutzt wird, von der eigenen Misere abzulenken.

Das Einbürgerungsgesetz wurde auch nach der Aufnahme in den Europarat kontrovers diskutiert und führte 1998 zu einer innenpolitischen Krise. Teile der Mitte-Rechts-Koalition plädierten für eine weitere Liberalisierung: alle nach der Wiedererlangung der Unabhängigkeit in Lettland geborenen Personen sollten bei ausreichenden Sprachkenntnissen automatisch Anrecht auf die Staatsbürgerschaft haben, unabhängig vom Status ihrer Eltern. Zudem sollte die Quotierung nach Jahrgängen ganz aufgehoben werden. Um diese Regelung zu unterlaufen, erzwangen die kon-

Bevölkerungsverteilung nach Nationalität und Staatsangehörgkeit			
%	Staatsbürger	Nicht-Staatsbürger	Gesamt
Letten 56,49	1389308	17705	1407013
Russen 30,38	288217	468501	756718
Weißrussen 4,29	20765	86054	106819
Ukrainer 2,79	4365	65047	69412
Polen 2,55	38953	24490	63443
Litauer 1,42	8390	27075	35465
Juden 0,58	6562	7990	14552
Roma 0,31	7014	771	7785
Deutsche 0,15	977	2676	3653
Esten 0,12	1341	1604	2945
Liven 0,01	195	4	199
Sonstige 1,22	3249	19349	22598
Gesamt	1769336	721266	2490602

Quelle: National and Ethnic Groups in Latvija, Ministry of Justice, Riga 1996

servativen Nationalisten von der Partei „Für Vaterland und Freiheit" ein Referendum, das ihnen jedoch keinen Erfolg brachte. Am 3. Oktober 1998 stimmten 53% der Stimmberechtigten für die Liberalisierung und 45% dagegen. Damit haben die Kinder der Russen eine Perspektive in Lettland.

Provokationen aus Moskau

Moskau nimmt die Verbesserungen des lettischen Einbürgerungsgesetzes kaum zur Kenntnis und läßt keine Gelegenheit aus, Stimmung gegen die Baltenrepublik zu machen. Beispielhaft ist ein Vorfall vom März 1998. Lettische und russische Rentner machten bei einer Demonstration auf ihre schwierige soziale Lage aufmerksam. Die lettische Polizei ging dagegen vor und vertrieb die alten Menschen mit Schlagstöcken. Am folgenden Tag war dies Ereignis die wichtigste Meldung einer einflußreichen, privaten russischen Fernsehstation. Dem Besitzer des Senders war zuvor ein Geschäft mit unterirdischen Gasvorkommen in Lettland entgangen. Der größte Teil der politischen Elite in Moskau griff den Vorfall auf – jedoch gänzlich verzerrt. Aus dem sozialen Protest wurde ein nationaler. Nur noch russische Rentner waren von lettischen Polizeikräften niedergeknüppelt worden. Dabei überboten sich die Politiker in Drohungen und Vorwürfen gegen den kleinen Nachbarn. Am weitesten ging das Moskauer Stadtoberhaupt Jurij Luschkow. Er verglich die lettische Regierung gar mit dem kambodschanischen Massenmörder Pol Pot und sprach vom „Genozid" an den Russen. Zudem forderte er die Moskauer Geschäfte auf, keine lettischen Waren mehr anzubieten, was vor allem die Fischereiwirtschaft zu spüren bekam. Allerdings stieß diese Maßnahme bei den Moskauer Konsumenten auf Widerstand, da zum Beispiel Rigaer Sprotten dort sehr beliebt sind. Dennoch haben die Letten in Luschkow einen einflußreichen Gegner. Er vertritt unüberhörbare nationale Parolen, betreibt aber eine recht erfolgreiche Wirtschaftspolitik. Dadurch erhielt er für seine Wiederwahl zum Moskauer Bürgermeister 1996 über 90% der Stimmen. Doch Luschkow ist ambitionierter. Er betrachtet seine Popularität in der Hauptstadt als Sprungbrett für eine Karriere in der nationalen Politik. Als Basis dafür gründete er Ende Dezember 1998 die Bewegung *Otetschestwo* („Vaterland"), die Rußland wieder zu einer echten Weltmacht aufbauen will. Der Hoffnungsträger für die Zeit nach Jelzin ist für die Letten alles andere als eine Hoffnung.

Die Manipulation der Rentnerproteste durch die russischen Medien ist kein Einzelfall. Ende Juli 1999 berichtete das Moskauer Fernsehen über Grabschändungen auf einem russischen

Soldatenfriedhof in Lettland. Als Beweis zeigte es Bilder von umgeworfenen alten Steinen und aufgewühlter Erde. So etwas setzt in Rußland leicht anti-lettische Emotionen frei. Der Hintergrund war indes ein ganz anderer. Der heruntergekommene Soldatenfriedhof wurde grundlegend renoviert – und zwar nicht nur mit Einwilligung, sondern sogar mit Geldern der russischen Vertretung.

Als Provokation betrachten viele Letten auch die Parteinahme Rußlands für Alfred Rūbiks, den wohl meistgehaßten Mann im Land. Der langjährige Chef der lettischen KP hatte Präsident Gorbatschow im Dezember 1990 schriftlich aufgefordert, die „Volksfront"-Regierung zu entmachten und das Land der direkten Moskauer Präsidialherrschaft zu unterstellen. Beim Putsch der alten Garde im August 1991 sah er seine Chance gekommen und machte sich zu deren Sachwalter in Riga. Das Scheitern in Moskau bedeutete jedoch auch seinen Untergang. Er wurde verhaftet und im September 1995 wegen Hochverrats zu acht Jahren Gefängnis verurteilt. Für viele Russen gilt er als „politischer Gefangener".

Wenig bekannt ist, daß etwa 200 000 Letten in Rußland leben, die meisten in zusammenhängenden Dörfern in Sibirien. Dabei handelt es sich zum einen um Nachkommen von Kommunisten, die in den 20er Jahren nach Rußland emigriert sind und den stalinistischen Terror überlebt haben, zum anderen um Nachkommen der Deportierten aus den 40er Jahren. Viele von ihnen wollen nach Lettland zurückkehren; sie bringen allerdings zumeist weder Geld noch eine Ausbildung mit und werden deshalb nicht gerade mit offenen Armen empfangen.

Das neue Parlament

Nach Wiederherstellung der Unabhängigkeit setzte der von der „Volksfront" dominierte Oberste Rat die alte demokratische Verfassung vom 15. Februar 1922 wieder in Kraft. Danach finden turnusgemäß alle drei Jahre Wahlen zum Parlament (*Saeima*) statt. Dieses wählt den Staatspräsidenten, der für maximal zwei Amtsperioden antreten darf. Diese Periode wurde von ursprünglich drei auf vier Jahre ausgedehnt. Am 5./6. Juni 1993 fanden die ersten Parlamentswahlen nach eigenem Wahlrecht statt. Um die extreme Zersplitterung der Vorkriegsepoche mit bis zu 20 Parteien bei 100 Abgeordneten zu vermeiden, wurde eine Vierprozentklausel eingeführt, die sich für die politische Stabilität als sinnvoll erwies. 1998 wurde sie sogar auf fünf Prozent ausgedehnt.

Die Wahlen brachten eine Zäsur in der jüngeren Geschichte des Landes, die erheblich tiefer ging, als es manchen Aktivisten der Unabhängigkeitsbewegung lieb war. Sie signalisierten nämlich das Ende der „Volksfront", die nur 2,4 % der Stimmen erreichte, obwohl sie mit Ivars Godmanis sogar den amtierenden Ministerpräsidenten stellte. Der im Vorfeld prognostizierte große Rechtsruck blieb aus. Mit 32,4 % der Stimmen erhielt die liberal-konservative Partei *Latvijas Ceļš* („Lettlands Weg") eine deutliche Mehrheit. Ihre dominierende Persönlichkeit ist der Staatspräsident der Übergangszeit, Anatolijs Gorbunovs. Rechts von dieser Gruppe zogen die Parteien „Für Vaterland und Freiheit" sowie „Lettische Nationale Unabhängigkeitsbewegung" (LNNK) ins Parlament ein, die sich später zu einem Wahlbündnis zusammenschlossen. Links davon etablierten sich „Harmonie für Lettland" sowie „Gleichberechtigung". Erstere wird als sozialliberal eingestuft und gilt als westliche Partei des Landes. Ihr Aushängeschild ist der Außenminister der Übergangsepoche, Jānis Jurkāns. Die Bewegung „Gleichberechtigung" vertritt die Interessen der Russen im Land. Komplettiert wurde das Parlament durch die Bauern- und die Zentrumspartei. 16 der 100 Abgeordneten waren aus dem Exil heimgekehrt, erheblich mehr als in den anderen baltischen Staaten.

Zum Staatsoberhaupt wählte das Parlament den Vertreter der Bauernpartei, Guntis Ulmanis, einen Großneffen des Vorkriegspräsidenten. Er hat sich über alle Parteigrenzen hinweg Respekt und Anerkennung erworben, so daß er für eine zweite Amtsperiode bestätigt wurde, obwohl seine Partei bereits in Bedeutungslosigkeit versunken war.

1999 endete Ulmanis' zweite Amtszeit, und eine Wiederwahl war aufgrund der Verfassung nicht möglich. Stattdessen wählte das lettische Parlament zum ersten Mal eine Frau in das höchste Staatsamt, die Psychologieprofessorin Vaira Vīķe-Freiberga (s. S. 90).

Anatolijs Gorbunovs

Im Gegensatz zu Lennart Meri in Estland oder Vytautas Landsbergis in Litauen hat Lettland keine Persönlichkeit hervorgebracht, mit der im Ausland der Weg in die neue Zeit maßgeblich verbunden wird. Im Land selbst hält jedoch ein Mann die Fäden in der Hand, von dem jenseits der Grenzen nicht viel zu hören ist. Anatolijs Gorbunovs gestaltet seit mehr als einem Jahrzehnt die Geschicke Lettlands maßgeblich mit. Der 1942 in Daugavpils/Lettgallen geborene Politiker begann seine Karriere in der Kommunistischen Partei, in der er zum Chefideologen aufstieg. Als kritischer Reformer machte er sich dabei nicht gerade einen Namen. Nach 1985, während der ersten zaghaften Öffnung des Landes, forderte er zum Beispiel von der Regierung in Moskau eine drastische Beschränkung der Besuchsmöglichkeiten für Exilletten, da deren Anwesenheit einen schlechten Einfluß auf die lokale Bevölkerung habe. 1988 wurde er zum Parlamentspräsidenten gewählt, eine Position, die mit dem Amt des Staatsoberhauptes gleichzusetzen war. Als solcher wandelte er sich zunächst zum Reformkommunisten und schließlich zum gemäßigten Nationalisten. Den Weg zur Unabhängigkeit ging er weitaus leiser als etwa sein Kollege Landsbergis. Viele schreiben es seinen guten Kontakten nach Moskau zu, daß es im Januar 1991 nicht zu einer Eskalation der Gewalt in Riga gekommen ist, zu der Alfred Rūbiks und Boris Pujo offenbar bereit waren.

Auch die russischen Bürger setzten zunächst große Hoffnungen auf ihn, hatte er ihnen doch vor der Unabhängigkeit die Staatsbürgerschaft zugesagt. Innerhalb der Partei („Lettlands Weg") behielt er in dieser Frage zwar eine relativ gemäßigte Position bei, doch das alte Versprechen war nicht einzulösen. Sein ausgeprägter Pragmatismus hat ihn alle politischen Krisen überstehen lassen, auch die herbe Wahlniederlage von 1995. Der 1998 gewählten Regierung gehört er als stellvertretender Ministerpräsident und Verkehrsminister an.

Privat hat sich Gorbunovs ebenfalls der neuen Zeit schnell angepaßt. Der ehemalige kommunistische Chefideologe betont heute seine katholische Abstammung aus dem Osten des Landes und zeigt sich gern im Kreis seiner Familie.

Populäre Populisten

Am 30. November/1. Oktober 1995 gab es vorgezogene Neuwahlen, deren Ausgang im Trend der allgemeinen nachsozialistischen Entwicklung in Osteuropa lag. Da schnelle Erfolge in der Wirtschaftspolitik ausblieben, suchten viele Wähler ihr Heil in populi-

Perspektiven für die Juden

Die Zahl der Juden ist dank der Ansiedlung aus allen Teilen der ehemaligen UdSSR inzwischen wieder auf 25000 gestiegen. Mit der Unabhängigkeit änderten sich die Ausgangsbedingungen für das jüdische Leben grundlegend. Heute verfügt die Gemeinde in Riga über eigene Schulen, eine Synagoge, ein Kulturzentrum mit einem Museum sowie ein Hospital. Die Synagoge in der Altstadt und das Kulturzentrum in der *Skolas iela* (Schulstraße) bilden den Kern des Gemeindelebens. Das Haus, in dem das Kulturzentrum untergebracht ist, beherbergte vor dem Zweiten Weltkrieg das jüdische Kino. Unmittelbar nach der Unabhängigkeit hat der lettische Staat es an die jüdische Gemeinde zurückgegeben. Das leicht heruntergekommene, aber noch immer stattliche Jugendstilgebäude bietet Informationen und praktische Hilfe gleichzeitig. Die Menschen erhalten ein Mittagessen ebenso wie Beratung in Behördenangelegenheiten. Das Museum in der oberen Etage bringt den Besuchern auf engem Raum die jüdische Siedlungsgeschichte sowie die tragischen Ereignisse in den 40er Jahren nahe.
In Anerkennung der Bemühungen um die jüdische Kultur hielt der Jüdische Weltkongreß seine Generalversammlung 1994 in Riga ab. Es war die erste Veranstaltung dieser Art in einem vormals kommunistischen Land.
Dennoch ist die Zukunft der Gemeinde nicht gesichert, die Öffnung der Grenzen und die Ausbildung in den jüdischen Schulen mit intensivem Englisch- und Iwrithunterricht lassen jedes Jahr einige hundert zumeist junge Menschen von ihrer Möglichkeit zur Emigration Gebrauch machen.
Dazu kommt ein latent vorhandener Antisemitismus in der Bevölkerung, der zwar im Gegensatz zur Regierungspolitik steht, aber dennoch seinen Nährboden hat.
Neben gelegentlichen Schmierereien auf Friedhöfen zeugen zwei Anschläge auf die Synagoge von dieser Haltung. Vor allem der zweite von

stischen Führernaturen am rechten und linken Rand. Die schillerndste ist zweifellos Joachim Siegerist (lett. Joahims Zigerists). Als Sohn lettischer Eltern wuchs er in Deutschland auf, wurde Journalist für die „Bild-Zeitung" sowie für „Hör Zu" und machte in den 70er Jahren insbesondere durch Agitation am rechten Rand auf sich aufmerksam. Vom christlichen Gewerkschaftsbund führte sein Weg über die „Demokraten für Strauß" zur „Konservativen Aktion" und den „Deutschen Konservativen". Kampagnen gegen die sozialliberale Ostpolitik, gegen Willy

Anfang April 1998, bei dem Türen und Fenster zerstört und mehrere Personen verletzt wurden, sorgte für eine innenpolitische Krise. Polizeichef Aldis Lieljuksis mußte zurücktreten, weil er Warnungen im Vorfeld nicht ernst genommen und auf eine Videoüberwachung verzichtet hatte.
Insgesamt halten sich die antisemitischen Übergriffe verglichen mit anderen osteuropäischen Staaten jedoch in Grenzen. Im Alltag sind es eher kleine, scheinbar unbedeutende Verfügungen, die vor allem den Alten das Leben schwerer machen. Unmittelbar nach der Unabhängigkeit wurde zum Beispiel ein Gesetz erlassen, das den Opfern des Nationalsozialismus und Stalinismus gewisse Privilegien sichert. Für sie kostet eine Monatskarte in Riga nur 2,50 statt 4 Lat, mit der Bahn fahren sie für die Hälfte und nach Jūrmala, dem Badeort an der Rigaer Bucht, kommen sie umsonst. Für Menschen mit einer Rente von 50 Lat sind derartige Vergünstigungen nicht unbedeutend. Inzwischen aber gilt der Opferstatus nur noch für Menschen, die ihren Aufenthalt im Ghetto, KZ oder Gefängnis nachweisen können. Viele der Juden können diesen Nachweis jedoch nicht vorlegen, da sie in der Illegalität überlebt haben. In einigen Fällen wurden sogar Frauen davon ausgeschlossen, die „nur" zwangssterilisiert worden waren.
Bedenklich stimmt die organisierten Juden auch die nun offene Diskussion über die jüngere Vergangenheit. Die lettische Beteiligung am Nazi-Holocaust wird dabei häufig als Reaktion auf die vermeintliche jüdische Kollaboration mit der Sowjetmacht zu Beginn der 40er Jahre erklärt. Der Anteil der Juden am stalinistischen Unterdrückungsapparat entsprach jedoch nicht einmal ihrem Anteil an der Gesamtbevölkerung. Zu dieser Ignoranz gegenüber der eigenen Rolle beim Holocaust paßt auch, daß ein Film wie „Schindlers Liste" auf wenig öffentliches Interesse stieß und bald abgesetzt wurde.

Brandt persönlich, gegen Abtreibung, gegen Sinti und Roma sowie für die Freilassung von Rudolf Heß brachten ihm unter anderem Anklagen wegen Volksverhetzung ein. Im Herbst 1991 kehrte er nach Lettland zurück. Auch ohne Sprachkenntnisse hatte er aufgrund seiner Abstammung ein Recht auf die Staatsbürgerschaft.

Mit privat organisierten Hilfsleistungen für die hungernden Menschen sowie simpler Polemik gegen die etablierten Politiker versuchte er, sich eine politische Basis aufzubauen. Um den Ruf des Rechtsradikalen loszuwerden, wurde die jüdische Gemeinde ein wichtiger Empfänger seiner Wohltaten. 1993 zog er für die LNNK ins Parlament ein, doch kam es bereits nach einem halben Jahr zum Zerwürfnis. Danach gründete Siegerist seine eigene Partei, die „Bewegung für Lettland". Mit 14,9% verbuchte sie 1995 sogar einen überwältigenden Wahlerfolg.

Die andere neue Gruppierung war die „Demokratische Partei Saimnieks" (Hauswirt), ein Sammelbecken der „Ehemaligen". Die Funktionäre der kommunistischen Epoche, die einflußreichen Chefs von Kolchosen und Kombinaten, verstanden ebenfalls die Unzufriedenheit der Bevölkerung aufzufangen und erreichten mit 15,2% die meisten Stimmen. Selbst die „Sozialistische Partei Lettlands", die den inhaftierten Alfred Rūbiks als Leitfigur hat, schaffte mit 5, 6% den Sprung ins Parlament, während „Lettlands Weg" die Hälfte seiner Stimmen verlor.

Bei den schwierigen Koalitionsverhandlungen taten sich Rechts- und Linkspopulisten zusammen. Um an die Macht zu kommen, waren die linken Politiker, einschließlich des angesehenen Janis Jurkāns, bereit, mit Joachim Siegerist eine Koalition einzugehen. Nicht zuletzt aufgrund des entschiedenen Widerstands von Staatspräsident Ulmanis kam diese Koalition schließlich doch nicht zustande. „Saimnieks" ging ein Bündnis mit den gemäßigten konservativen Kräften ein, und der parteilose Geschäftsmann und Manager Andris Šķēle wurde zum Ministerpräsidenten ernannt.

Damit setzte eine unerwartete Stabilisierung der Verhältnisse ein, denn Šķēle erwies sich als ausgesprochen erfolgreicher Regierungschef vor allem im wirtschaftlichen Bereich. Auf der anderen Seite tat er sich schwer mit demokratischen Prinzipien. Aus seiner Abneigung gegen die parlamentarischen Gepflogenheiten machte er kaum einen Hehl. Ungeniert spielte er Abgeordnete und Fraktionen gegeneinander aus und gefiel sich als erfolgreicher „Macher", der für das ineffektive „Parteiengezänk" nichts übrig hat. Obwohl seine Koalition nur ein Jahr hielt – kurzlebige Regierungen sind typisch –, hatte er sich mit seinen Erfolgen eine erhebliche Popularität verschafft, die er für seine eigene Karriere nutzte.

Zur Wahl am 3. Oktober 1998 trat er mit einer eigenen Gruppierung, der „Volkspartei", an, die mit 21,2% die meisten Stimmen erhielt, knapp vor „Lettlands Weg" mit 18,1%. Diese Wahlen signalisierten eine allmähliche Konsolidierung der politischen Lage, denn die Bevölkerung erteilte den Populisten eine deutliche Abfuhr. Siegerists „Bewegung für Lettland" konnte nur 1,75 % für sich gewinnen und „Saimnieks" sogar noch weniger. Die Menschen hatten erkannt, daß simple Parolen auf dem schwierigen Weg zur Überwindung des kommunistischen Erbes nicht weiterhelfen. Da Šķēle und seine Partei von den etablierten Politikern als Koalitionspartner nicht akzeptiert wurden, kam es schließlich zu einem Bündnis, das sich weitgehend auf dieselben Gruppierungen stützt wie die Regierung von 1993. Auch damit liegt Lettland im Trend der nachsozialistischen Entwicklung in Osteuropa.

Schatten der Vergangenheit

Der Umgang mit der nationalsozialistischen Vergangenheit wirft bisweilen Schatten auf den neuen Staat und sorgt im Ausland für erhebliche Irritation. Zwar hat Staatspräsident Ulmanis Anfang 1998 bei einem Besuch in Israel die Beteiligung der Letten am Holocaust eingestanden und versichert, „wir dürfen die historische Wahrheit nicht vergessen", doch viele Menschen tun sich schwer damit. Drei Wochen nach der Israel-Reise des Präsidenten jährte sich die Gründung der lettischen SS-Einheit zum 55. Mal. Leider war dies nicht nur für die meisten noch lebenden Mitglieder dieses Verbandes, sondern auch für Teile der national-konservativen Elite kein Anlaß zur selbstkritischen Rückschau. Es wurde im Gegenteil der eigenen „Heldentaten" gedacht. In Teilen der Bevölkerung gelten die SS-Soldaten bis heute eher als Freiheitskämpfer gegen Stalin denn als Handlanger des Holocaust. Daß sich beides nicht ausschließt, wird häufig verdrängt. Zwar ist die SS in Lettland nicht mit deutschen SS-Verbänden vergleichbar, da die meisten ihr Angehörenden zwangsverpflichtet und an die Front geschickt wurden, doch leisteten auch viele Freiwillige ihren Beitrag bei der Vernichtung der Juden.

Um der SS-Einheit zu gedenken, marschierten 500 Veteranen am 16. März 1998 durch Riga. Auch der Oberbefehlshaber der Armee, Juris Dalbins, sowie andere hohe Offiziere und konservative Abgeordnete waren anwesend. Die Veranstaltung rief nicht nur in Rußland große Empörung hervor. Um sich zu rechtfertigen, erklärte Dalbins zunächst, es sei seine Pflicht, an Gedenkver-

Vaira Vīķe-Freiberga

Nicht nur für das Ausland kam ihre Wahl überraschend. Am 17. Juni 1999 kürte das Parlament im siebten Wahlgang die Exillettin Vaira Vīķe-Freiberga zur neuen Staatspräsidentin, nachdem zuvor keiner der fünf Kandidaten der etablierten Parteien eine Mehrheit erreichen konnte. Tatsächlich hatte sich die erste Frau in diesem Amt als Politikerin noch keinen Namen gemacht, und auch vielen einfachen Bürgern war sie kein Begriff.

Vaira Vīķe-Freiberga wurde am 1. Dezember 1937 in Riga geboren. Ihre Eltern flohen vor der sowjetischen Besetzung nach Deutschland, wo sie in einem Flüchtlingslager in Lübeck aufwuchs. Über Frankreich emigrierte sie schließlich nach Kanada und studierte in Toronto Psychologie. In dem Fach erwarb sie sich große akademische Ehren. 1965 wurde sie ordentliche Professorin an der Universität von Montreal. Dort blieb sie bis zu ihrer Emeritierung 1998. Erst im Herbst 1998 kehrte sie endgültig in ihr Heimatland zurück und übernahm gleich verantwortungsvolle Tätigkeiten. Sie wurde Direktorin des neugegründeteten Lettischen Instituts in Riga.

Während ihres Exils hatte Vīķe-Freiberga immer engen Kontakt zu ihrer Heimat und ihrer Kultur unterhalten. Viele ihrer Publikationen, die psychologische, linguistische, folkloristische und mythologische Themen gleichermaßen umfassen, griffen die lettische Tradition auf. So wurde sie 1979 mit dem Anna-Abele-Preis für lettische Philologie und zehn Jahre später mit dem sozialwissenschaftlichen Preis des „Weltbundes Freier Letten" ausgezeichnet.

Ihre Wahl zur Staatspräsidentin geht auf den Einfluß von intellektuellen Kreisen zurück, die sie als Kompromißkandidatin präsentierten. Die Wahl dokumentiert aber auch die Bereitschaft des Parlaments, dies Amt mit einer über alle politischen Auseinandersetzungen erhabenen Persönlichkeit zu besetzen. Dabei haben es die Abgeordneten nicht leicht mit ihr. Vaira Vīķe-Freiberga ist eine ausgesprochen weltoffene Persönlichkeit, der jedwede Art von nationaler Engstirnigkeit fremd ist. So kritisiert sie unverhohlen die Behandlung der Russen im Land. Als eine ihrer ersten Amtshandlungen wies sie ein Sprachgesetz zurück, das den Gebrauch der lettischen Sprache bis in die private Korrespondenz hinein vorschreibt. Damit würde nicht die Integration, sondern die Restriktion gefördert, ließ sie verlauten. Zudem erklärte sie, sie wolle auch die russische Sprache erlernen. Neben ihrer Muttersprache beherrscht sie Deutsch, Englisch und Französisch.

Vaira Vīķe-Freiberga ist mit dem Informatik-Professor Imants Freibergs verheiratet. Sie hat zwei erwachsene Kinder. Ihr Sohn Kārlis lebt schon seit 1989 wieder in Lettland, ihre Tochter Indra dagegen in Montreal.

anstaltungen für Soldaten teilzunehmen. Als die Aufregung dadurch nicht geringer wurde, machte er geltend, er habe als Privatperson an den Gedenkfeiern teilgenommen. Verteidigungsminister Valdis Birkavs von „Lettlands Weg" und vor allem Staatspräsident Ulmanis akzeptierten die Rechtfertigung jedoch nicht, sondern enthoben Dalbins seines Postens.

Schwieriger Rechtsstaat

Lettlands Weg zu einem demokratischen Staat beinhaltete eine Reform des gesamten Rechtssystems. Das Land orientiert sich heute am kontinental-europäischen Recht und nimmt sich vor allem Deutschland als Vorbild. Zu den wesentlichen Verbesserungen gehört die Unschuldsvermutung bis zur rechtskräftigen Verurteilung sowie die Beweispflicht auf seiten der Anklage. Für insgesamt sieben Vergehen – darunter vorsätzlicher Mord, Banditentum, Fälschungen in schweren Fällen, Vergewaltigung oder Flugzeugentführung – konnte die Todesstrafe verhängt werden. Die letzte Hinrichtung fand 1996 statt, danach verfügte Staatspräsident Ulmanis, ein Gegner der Todesstrafe, ein Moratorium. Um die Vollstreckung der Todesstrafe nicht von der Gnade des Präsidenten abhängig zu machen, legte die Regierungskoalition am 11. Mai 1998 einen Gesetzesentwurf zu ihrer endgültigen Abschaffung vor, der jedoch vom Parlament abgelehnt wurde. Nur 64 der 100 Parlamentarier waren zur Abstimmung erschienen; allein von der Regierungskoalition fehlten 27 Abgeordnete. So sprachen sich nur 20 für die Vorlage aus, 27 stimmten dagegen und 17 enthielten sich. Führende Politiker, darunter Präsident Ulmanis, zeigten sich verärgert über die „Disziplinlosigkeit" der Koalitionsabgeordneten. Manche Beobachter sahen in dem Fernbleiben indes weniger mangelnde Disziplin als ein taktisches Manöver. Innerhalb der Bevölkerung ist die Todesstrafe nämlich durchaus populär, und ein halbes Jahr vor Parlamentswahlen kann man mit ihrer Abschaffung nicht viele Stimmen gewinnen.

Nach der Wahl wurde ein neuer und diesmal erfolgreicher Anlauf genommen, die Todesstrafe abzuschaffen. Mitte April 1999 stimmte das Parlament mit 65 gegen 15 Stimmen einer entsprechenden Vorlage zu; ein später Triumph für Präsident Ulmanis unmittelbar vor dem Ende seiner Amtszeit.

Die Befürworter der Todesstrafe verwiesen immer auf die wachsende Kriminalität während der Übergangszeit. So stieg die Zahl der Morde im Land zwischen 1988 und 1993 von 111 auf 429. Die Aufklärungsrate lag bei nur 29%. Damit war jedoch der Höhepunkt überschritten; 1996 wurden nur noch 260 Morde registriert. Dennoch erleben die Menschen immer wieder eine erschreckende Taten- und Hilflosigkeit gegenüber der Gewalt. Besondere Verunsicherung lösten zwei Massenausbrüche aus. Am 28. Juli 1994 flohen 89 Häftlinge, 10% der gesamten Insassen, aus einem Gefängnis in Jelgava, darunter zahlreiche Gewaltverbrecher. Sie hatten heimlich einen Tunnel gegraben, durch den eine Nacht lang die Gefangenen alle zehn Minuten in Zweiergruppen entkamen. Zwei der Flüchtigen vergewaltigten nur Stunden nach dem Ausbruch ein dreizehnjähriges Mädchen. Der Skandal blieb ohne nennenswerte Konsequenzen, denn genau drei Monate später entkamen erneut 16 Gefangene aus einem Hochsicherheitstrakt in Daugavpils, was schließlich zum Rücktritt von Innenminister Girts Kristovskis führte.

Eine gewisse Liberalisierung gab es für Homosexuelle. Ihre Beziehungen wurden im Februar 1993 legalisiert, allerdings sind die Vorurteile noch immer weit verbreitet. So schloß die Evangelikale Lutherische Kirche Homosexuelle ein Jahr später vom Abendmahl aus. Einmal mehr zeigte sich, daß nicht nur die Politiker, sondern auch die Gesellschaft den Weg in einen liberalen Rechtsstaat noch konsequenter gehen muß.

Schweres Erbe und neue Perspektiven:
Die lettische Wirtschaft

Die Konsolidierung der Wirtschaft ging in Lettland langsamer vonstatten als in Estland, dem einzigen Kandidaten aus dem Baltikum für die erste Runde der EU-Osterweiterung. Das hatte hausgemachte und strukturbedingte Gründe. Die hausgemachten sind darin zu suchen, daß der Übergang zur Privatisierung nicht mit der gleichen Entschiedenheit betrieben wurde wie im nördlichen Nachbarstaat und von einer konsequenten Bekämpfung der Wirtschaftskriminalität lange Zeit keine Rede sein konnte. Die Mafia sowie zwielichtige Geschäftsleute insbesondere im Bankensektor hatten erstaunliche Freiräume, durch Korruption und Schutzgelderpressung die zarten Ansätze der Stabilisierung zu zerstören und das Vertrauen von Investoren zu untergraben. Zu den strukturbedingten Problemen zählt die Abhängigkeit in der Energieversorgung, da das Land nur über wenige primäre Energiequellen verfügt.

Schwieriger Neubeginn

Die eigentlichen Ursachen für die Misere gehen jedoch auf die Okkupation durch die Sowjetunion zurück. Diese sorgte für einen allmählichen Wandel von einem – für europäische Vorkriegsverhältnisse – relativ wohlhabenden Staat zu einer Mangelgesellschaft. Die Lettinnen und Letten haben nie vergessen, daß ihr Lebensstandard vor dem Zweiten Weltkrieg mit dem schwedischen vergleichbar war. Vor allem dank der Agrarexporte auf den westeuropäischen Markt verzeichnete das Land in den 30er Jahren einen Außenhandelsüberschuß.

Dies änderte sich durch die Zwangskollektivierung der Landwirtschaft, die rücksichtslose Industrialisierung mit der Ansiedlung Hunderttausender russischer Arbeiter, den Aufbau staatseigener „All-Union-Betriebe" und Kolchosen, deren Führungskräfte die richtige Gesinnung statt fachlicher Qualifikation aufweisen mußten, sowie ein Lohnsystem, das Ausbildung und Leistung regelrecht bestrafte. Eine sinkende Arbeitsmoral und ein Verfall der Effektivität waren die Folge. Viele nahmen das Schlagwort von den „volkseigenen Betrieben" sogar allzuwörtlich und entwendeten Werkzeuge, auch wenn die Produktion darunter noch weiter litt. Selbst in der früher so erfolgreichen Landwirtschaft machte sich diese Arbeitsmoral breit. So klagte Juris Kuks, der bereits am Ende der Sowjetära wieder mit der privaten Produktion begonnen hat: „Auf den staatseigenen Höfen und Kolchosen herrschten klare Arbeitszeiten. Um 16.00 Uhr war Feierabend, und niemand wäre auf die Idee gekommen, länger zu arbeiten, was für einen Bauern zur Saat- und Erntezeit eine Selbstverständlichkeit ist. Wenn zum Beispiel kurz vor 16.00 Uhr das Getreide geschnitten oder das Heu zum letzten Mal gewendet worden war und schwere Regenwolken aufzogen, hat niemand weitergearbeitet und die Ernte eingefahren, auch wenn jeder wußte, daß am nächsten Morgen nur noch Mist auf den Feldern liegen würde."

*Auf dem Markt von Riga
ist das Angebot an frischem Obst inzwischen groß*

Zwar feierten die Medien bis in die Gorbatschow-Ära hinein immer neue Rekorde bei der Erfüllung der Pläne, doch waren dabei die Vorgaben von Jahr zu Jahr heruntergeschraubt worden, so daß sie gar nicht verfehlt werden konnten. Die Zeche mußte nach der Unabhängigkeit bezahlt werden, aber nicht jeder durchschaute die Zusammenhänge. Vor allem unter der russischen Bevölkerung gibt es nicht wenige, die der „guten alten Breschnew-Ära" nachtrauern, als der Lebensstandard noch höher war.

Die allgemeinen Wirtschaftsbedingungen verhinderten auch die dringend notwenige Entwicklung neuer Technologien. Am Ende der Sowjetherrschaft entsprachen nur etwa 12% der lettischen Technologie dem osteuropäischen Standard und allenfalls 2% dem westeuropäischen.

Die Menschen entwickelten dennoch eine bemerkenswerte Fähigkeit, sich außerhalb der planwirtschaftlichen Strukturen einen gewissen Lebensstandard zu sichern. Dies ermöglichte zum Beispiel der Schwarzmarkt, der Erwerb harter Währung in Form von Dollar, DM oder Kronen – falls Kontakte zum westlichen Ausland bestanden – sowie der Anbau im eigenen Garten. Da zudem jahrzehntelang wenig ausgegeben werden konnte, waren die Sparguthaben relativ hoch.

Bemerkenswerterweise war Lettland der erste der baltischen Staaten, der mit der Privatisierung begann. Bereits 1988 befanden sich 4% der landwirtschaftlichen Nutzfläche in der Hand von Privatbauern. Dabei verfügten sie über 15% des Viehbestandes und produzierten 30% der Erträge. 1990 war der Anteil der privaten landwirtschaftlichen Nutzfläche auf 10% gestiegen. Auf die Industrieproduktion, die für die Gesamtwirtschaft entscheidend war, ließ sich diese Entwicklung jedoch nicht einfach übertragen; die Sowjetunion hatte aus Lettland nämlich einen verarmten Industriestaat mit 71% städtischer Bevölkerung gemacht. Nur 8% der Erwerbstätigen arbeiten in der Landwirtschaft.

Zwei Jahre nach der Unabhängigkeit befanden sich noch 90% der Industriebetriebe in staatlicher Hand, weil sich keine Investoren fanden. Die Unternehmen waren heruntergewirtschaftet, die Produkte fanden keine Abnehmer, der Handel mit Rußland war erheblich reduziert, und es gab kein Geld, womit die Arbeiter hätten entlohnt werden können. Darüber hinaus besaß ein großer Teil der Manager und Arbeiter in den Betrieben gar nicht die lettische Staatsbürgerschaft. Ihre Identifikation mit dem Staat war entsprechend gering, denn sie orientierten sich eher nach Rußland. Um eine Massenarbeitslosigkeit zu vermeiden, wurden viele der unrentablen Betriebe nicht geschlossen, die Beschäftigten erhielten jedoch bestenfalls die selbst produzierten Güter als Entlohnung, die sie dann verkaufen konnten, sofern jemand daran Interesse und Geld hatte. Ohne diese fragwürde Beschäftigungspolitik hätte die Arbeitslosigkeit kurz vor den ersten Wahlen etwa 40% betragen. Die Inflation erreichte 1992 einen Höchststand von 952%.

Erste Reformansätze

Um die leeren Staatskassen nicht weiter zu belasten, wurden Subventionen für Mieten, den öffentlichen Verkehr sowie die Energieversorgung eingeschränkt und die Preise freigegeben. Der entscheidende Schritt zur Überwindung der Krise war allerdings die Wiedereinführung einer eigenen Währung. Dabei spielten nicht nur finanzpolitische Gründe angesichts des schwachen Rubels eine Rolle, sondern auch nationalistisch-psychologische Überlegungen. Mit der eigenen Währung wurde die Unabhängigkeit in allen Bereichen unterstrichen, und der Bevölkerung konnten die unvermeidlichen sozialen Einschnitte eher zugemutet werden.

Das große Risiko bestand in einem möglichen Zusammenbruch der Handelsbeziehungen zu den ehemaligen Sowjetrepubliken, denn noch hatte Lettland keine Märkte im Westen und Norden erobert. Auf die anderen baltischen Staaten mußte dagegen keine Rücksicht mehr genommen werden, denn Estland hatte bereits am 20. Juni 1992 eine eigene Währung eingeführt und damit den Plänen für eine gemeinsame baltische Währung eine Absage erteilt, die vor allem von westlichen Finanzexperten immer wieder ins Gespräch gebracht worden waren.

Lettland vollzog den Übergang zur eigenen Währung etwas weniger drastisch als Estland.

Am 20. Juli 1992 wurde der lettische Rubel eingeführt. Die Menschen hatten zuvor Gelegenheit, ihr Barvermögen im Verhältnis 1:1 zu tauschen. Im Oktober 1993 folgte schließlich der eigene Lats. Durch eine rigide Ausgabendisziplin erreichte der Lats eine bemerkenswerte Stabilität. Seit 1994 hält er einen Wechselkurs von knapp 3 DM. Zudem schufen die Wahlen günstigere Bedingungen für Investitionen ausländischer Unternehmen. Die gewählten Parteien verbürgten sich für Rechtssicherheit, ein klares Bekenntnis zur Marktwirtschaft, niedrige Löhne und Steuern. So verzeichneten Wirtschaftsbereiche wie Tourismus, Handel, Banken und Fischerei 1993 erstmals seit der neuen Unabhängigkeit wieder bescheidene Wachstumsraten.

Ähnlich wie in Estland wurde ein Einkommensteuersystem eingeführt, das weitgehend unabhängig vom Verdienst des Einzelnen ist. Der Regelsatz liegt bei 25%, wer mehr als 4000 Lats verdient, wird mit 35% besteuert. Durch dieses System sollen die Steuern einfach, überschaubar und niedrig gehalten werden, um Raum für private Investitionen zu lassen. Zudem wollte man Abschreibungskünstler daran hindern, sich ganz vor der Steuer zu drücken. Tatsächlich ist die Steuermoral relativ hoch, besonders im Vergleich mit den früheren Sowjetrepubliken. Lettland deckt

40% seiner Staatseinnahmen durch Steuern. Nur Deutschland, Österreich und einige andere mitteleuropäische Staaten mit weit höheren Steuersätzen liegen etwas darüber. Die USA und Japan erreichen 35%, Georgien als Schlußlicht der ehemaligen Sowjetunion gerade 10%.

Die soziale Schere

Durch die wirtschaftliche Roßkur entstanden in kurzer Zeit extreme soziale Gegensätze. Die Regierung unternahm zunächst wenig, um dem entgegenzusteuern. Die Konsolidierung der Wirtschaft und ein ausgeglichener Haushalt hatten höchste Priorität. Dadurch sollte langfristig die Möglichkeit geschaffen werden, den Lebensstandard aller Menschen anzuheben.

Doch die Maßnahmen zur allgemeinen Stabilisierung griffen nur langsam. Bis Mitte der 90er Jahre verschlechterte sich der Lebensstandard für etwa 80% der Bevölkerung kontinuierlich. Selbst wer eine Arbeit hatte, konnte kaum davon leben. Lehrer verdienten zu der Zeit monatlich etwa 50 Lats, Ärzte knapp das doppelte und Rentner erhielten nur 38. Eine dreiköpfige Familie bezog im Durchschnitt knapp 100 DM im Monat bei annähernd deutschem Preisniveau. Grundnahrungsmittel wie Brot und landwirtschaftliche Produkte sowie ungeachtet der Preiserhöhungen auch die Mieten waren allerdings billiger. Somit konnten sich viele in den ersten Jahren nach der Unabhängigkeit nur das Notwendigste erlauben. Ein kleiner Farbfernseher kostete bereits ein halbes Jahresgehalt, ein moderner Breitwand-Fernseher vier, ein neuer Lada sechs Jahresgehälter.

Viele, die keine Verbindung zum Land hatten, mußten ihren Hausrat und ihr persönliches Eigentum verkaufen, um zu überleben. Die Menschen an der russischen Grenze gingen mit ihren Rubelvorräten zum Einkauf häufig auf die andere Seite, wo die Läden zwar leerer, die Preise aber niedriger waren. Insgesamt akzeptierte die Mehrheit der Bevölkerung die soziale Härte; es kam nicht zu Unruhen oder Massenprotesten, denn den meisten war klar, daß die tieferen Ursachen in der Vergangenheit lagen. Für Unmut sorgte allerdings die Tatsache, daß unter den Profiteuren der neuen Wirtschaftsordnung viele alte Parteigenossen und Günstlinge waren.

Die Spitzenverdiener der privaten Firmen bringen es auf 30 000 Lats/Monat. Das übersteigt die Gehälter der Politiker um ein Vielfaches.

Zweifelhafte Geschäfte

Um reich zu werden, boten sich in erster Linie illegale Betätigungsfelder wie Schmuggel und Spekulationsgeschäfte an. Vor allem die Mafia machte sich Lettlands Rolle als Umschlagplatz zwischen Ost und West zunutze. Sie kaufte in Rußland für billige Rubel die dort noch zu habenden hochwertigeren Produkte oder Rohstoffe ein, schmuggelte sie über die Grenze und verkaufte sie gegen Dollar, DM oder Kronen. Damit schädigte sie die lettische Volkswirtschaft in doppelter Hinsicht. Zum einen gingen Zölle und Steuern verloren, zum anderen wurden einheimische Produkte im Preis unterboten und damit der Markt zerstört. 1994 kam es deswegen zu Auseinandersetzungen mit der Zuckerindustrie. Die Produzenten von Zuckerrüben, die im Jahr zuvor einen 4,5 Millionen US-$-Kredit von der Weltbank zur Modernisierung ihrer Maschinen zugesagt bekommen hatten, protestierten dagegen, daß die Süßwarenindustrie sie auf ihren Erträgen sitzenließ und für geschmuggelten Zucker offenbar weit weniger bezahlte. Die Zuckerrübenbauern legten Zahlen vor, wonach Woche für Woche etwa 1000 Tonnen Zucker ins Land geschmuggelt wurden. Hinter der Süßwarenindustrie standen einflußreiche Personen, die sogar dafür sorgten, daß der Weltbank-Kredit nicht bei den Bauern ankam, sondern in ihren eigenen Produktionsstätten.

In den Übergangsjahren nach der Unabhängigkeit demonstrierten manche Manager der staatseigenen Betriebe eindrucksvoll, daß die dem Sozialismus zugeschriebene Ineffizienz und Phantasielosigkeit dort endeten, wo es um den eigenen Vorteil ging. Sie entwickelten ein ausgesprochenes Innovationstalent, um sich zu bereichern. So gründeten sie private Firmen, die das gleiche produzierten wie die von ihnen geführten Staatsbetriebe. Die Produkte aus den Staatsfirmen wurden zu Niedrigpreisen an die private verkauft, die sie mit erheblichem Gewinn auf den Markt brachte. Die Verluste gingen zu Lasten des Staates. Die illegalen Geschäfte waren durchaus bekannt, nur unternahm kaum jemand etwas dagegen. Eine staatliche Kontrollkommission verzeichnete 237 Fälle von gesetzwidrigen Praktiken bei der Privatisierung.

Nach Schätzungen von Parlamentariern gehörten Mitte der 90er Jahre etwa 8% der Bevölkerung zu den Gewinnern der Veränderungen. Die meisten von ihnen scheuen sich nicht, ihren enormen Reichtum etwa in Form von schnellen Autos demonstrativ zur Schau zu stellen.

Der große Bankenkrach

Das Jahr 1995 markierte den Wendepunkt in der jüngeren lettischen Wirtschaftspolitik. Zum Kernstück sollte das Bankgewerbe ausgebaut werden. Viele träumten bereits von einem „Zürich des Ostens". Zu Beginn des Jahres 1995 waren 54 Privatbanken registriert. Während der Staat bei den öffentlichen Ausgaben äußerst rigide vorging, zeigten sich die Banken im Umgang mit vermeintlich finanzkräftigeren Kunden ausgesprochen spendabel. Ohne wirkliche Sicherheiten zu verlangen, wurden Hunderte Millionen von Lats an Krediten vergeben. Empfänger waren vielfach russische Geschäftsleute, die das Geld in Waffenhandel, Devisenspekulationen oder Jets und Jachten investierten. Um flüssig zu bleiben, lockten die Banken die mittleren und kleineren Anleger mit Zinsen von bis zu 90%. Hinter der Offerte stand auch die Erwartung, der Lat werde weich. Als sich dies nicht erfüllte, waren die Zinsen nicht mehr zu bezahlen.

Das „russische Roulette" (Neue Zürcher Zeitung) hatte fatale Folgen für die Volkswirtschaft sowie den Ruf des Landes. Zwei der größten Banken – LDB und Centra Banka – mußten im April 1995 schließen, weil die meisten Kredite verloren und die Verluste unüberschaubar waren. Eine dritte, die Banka Baltija, die größte im gesamten Baltikum, erklärte ihren Bankrott kurze Zeit später. Allein bei der letzteren waren knapp 200 Millionen Lats (über 550 Millionen DM) verschwunden. Kleinere Banken gerieten durch ihre Abhängigkeit von den Großen ebenfalls in den Strudel und gingen in Konkurs. 180 000 private Kunden, die Hälfte aller Unternehmen und sogar 19 Kreisverwaltungen erwiesen sich als Opfer der fragwürdigen Spekulationsgeschäfte. Zu einer wirklichen Aufklärung des Skandals ist es nie gekommen, weil einflußreiche Personen dies offenkundig zu verhindern wußten. Zeugen wurden ermordet, und gleichzeitig verschwanden bei der Konkursverwaltung noch einmal über drei Millionen Lats auf ein Liechtensteiner Konto. Heute gibt es noch 29 Banken im Land, darunter eine estnische, eine französische und eine deutsche.

Aus der Talsohle

Dennoch hatte der Bankenkrach auch eine reinigende Wirkung. Selbst Politiker, die zweifelhaften Geschäftsleuten nahestanden, erkannten, daß es so nicht weitergehen konnte. Die Bankenkontrolle wurde deshalb verschärft. Zudem machte sich allmählich die Geldwertstabilität bezahlt, die verstärkt ausländische Unternehmen ins Land lockte. Diese Entwicklung ist mit einer Person verbunden, die selbst zu den Gewinnern der wirtschaftlichen Roßkur zählte: Andris Šķēle, parteiloser Ministerpräsident 1996/97 und danach Gründer der momentan stärksten Partei im Parlament, der „Volkspartei". In der Regierung der Übergangszeit sorgte er als stellvertretender Landwirtschaftsminister dafür, daß ein großer Teil der Lebensmittelproduktion in seine Hände oder die seiner Geschäftspartner geriet. Dabei setzte er immer auf die richtigen Betriebe und wurde so zu einem der reichsten Männer im Land. Sein politisches und volkswirtschaftliches Credo lautet: Der Staat muß als Unternehmen geführt werden mit dem Regierungschef als Generaldirektor an der Spitze. Trotz Korruptionsvorwürfen können selbst Šķēles Gegner seine Erfolge nicht leugnen.

1996 gab es erstmals seit Wiedererlangung der Unabhängigkeit einen nennenswerten Anstieg des Bruttosozialprodukts von 3,3%, im Jahr darauf wurden sogar 6,5% verzeichnet, und ähnliche Wachstumsraten sind auch für die nächsten Jahre zu erwarten. Im Oktober 1997 sank die Inflationsrate erstmals unter 10%. Inzwischen hat sie sich bei unter 3% stabilisiert. Das ist der beste Wert im ehemals kommunistischen Osteuropa. Die offizielle Zahl der Arbeitslosen liegt bei 7%, in Wirklichkeit – so gibt auch die Regierung zu – sind es weit mehr, da sich insbesondere auf dem Land nicht alle registrieren lassen. Das Wirtschaftsministerium schätzt die reale Arbeitslosigkeit auf knapp 15%.

Ein weiterer Erfolg der rigiden Ausgabenpolitik ist ein ausgeglichener Haushalt. 1997 konnte sogar ein Einnahmeüberschuß erzielt werden.

Auslandsinvestitionen und Handel

Angesichts dieser wirtschaftlichen Rahmenbedingungen fanden sich immer mehr Unternehmen bereit, in Lettland zu investieren. Die meisten Investoren kamen aus Dänemark, gefolgt von den USA, Rußland, Deutschland, Singapur und Großbritannien. Insgesamt stellt die EU 48,9% der Anleger. Die wichtigsten Bereiche sind: Energieversorgung, Mineralölprodukte, Transport, Telekommunikation, Holz und Textilien.

Mit der Attraktivität für ausländische Unternehmen verringerte sich auch die Abhängigkeit von Rußland. 21% der lettischen Exporte gehen zwar immer noch in das große Nachbarland, dem noch wichtigsten lettischen Handelspartner, doch hat die EU als Ganzes der ehemaligen Sowjetunion längst den Rang abgelaufen. Innerhalb der EU spielt Deutschland eine bedeutende Rolle, denn dorthin gehen 16% der lettischen Exporte, während das Land 13,8% seiner Importe aus Deutschland bezieht. Die wichtigsten Exportprodukte für die Westmärkte sind Holz, Metalle und Textilien, für Rußland hingegen landwirtschaftliche Erzeugnisse. Aus dem Westen kommen überwiegend Maschinenteile und moderne Technologien; aus Rußland werden zur Deckung des Energiebedarfs Erdöl und Erdgas eingeführt. Dadurch, daß der große Nachbar jedoch 11% seiner Ölexporte über den lettischen Hafen Ventspils abwickelt, hat sich inzwischen eine gegenseitige Abhängigkeit entwickelt. Für Rußland ist das Öl eine der wichtigsten Devisenquellen, und solange keine Alternativen zur Verfügung stehen, muß Moskau an einer Kooperation mit Lettland gelegen sein. Allerdings plant die russische Regierung den Bau eines neuen Ölhafens in St. Petersburg. Der Schwarzmeerhafen Noworossijsk,

Entwicklung der Auslandsinvestitionen

Zeit:	1993	1994	1995	1996	1997	1998
Mio. Lats:	50,3	173,3	274,2	377,6	552,7	ca. 700
Anteil am BSP:	3,4%	8,5%	11,7%	13,3%	17,2%	19,1%

Quelle: Economic Development of Latvija Report, Wirtschaftsministerium Riga, Juni 1998

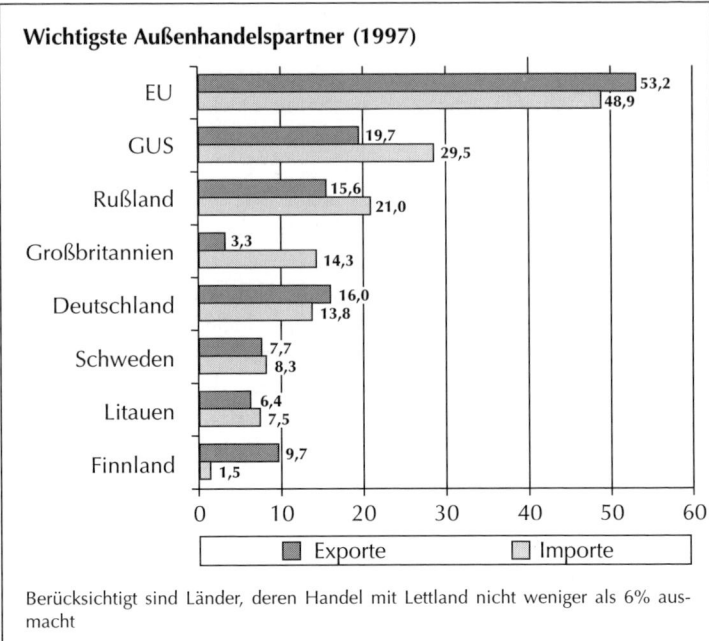

Berücksichtigt sind Länder, deren Handel mit Lettland nicht weniger als 6% ausmacht

Quelle: Economic Development of Latvija Report, Wirtschaftsministerium Riga, Juni 1998

über den der größte Teil der russischen Ölausfuhren getätigt wird, arbeitet bereits an der Grenze seiner Kapazität. Die Öllobby in Ventspils versucht ihrerseits, zugunsten Rußlands auf die lettische Politik Einfluß zu nehmen.

Allen Schwierigkeiten zum Trotz hat es Lettland geschafft, an die Tradition anzuknüpfen, die das Land jahrhundertelang so begehrt gemacht hat. Es ist wieder zu einer Drehscheibe für den Ost-West-Handel geworden. Die Handelsbilanz ist allerdings noch negativ. Hier hat die Regierung ihr Ziel vorerst nicht erreicht.

*Über den eisfreien Hafen von Ventspils
wickelt Rußland noch immer im großen Stil
seinen Ölhandel ab – Foto: K. Ludwig*

Lichtblicke im Umweltschutz

Die krisengeschüttelte Sowjetwirtschaft hat schwere Umweltschäden in Lettland hinterlassen, auch wenn die Situation nicht ganz so schlimm ist wie in Estland. Die Abwässer aus den Industrieanlagen sowie den privaten Haushalten flossen ungeklärt in die Flüsse. Nicht einmal eine Großstadt wie Riga verfügte in der Sowjetzeit über eine Kläranlage. 250 Millionen Kubikmeter Abwässer, 73000 Tonnen Stickstoff und 1900 Tonnen Phosphor gelangten jährlich über die Daugava in die Rigaer Bucht. Als Konsequenz daraus warnten am Strand von Jūrmala häufig Schilder eindringlich davor, ins Wasser zu gehen.

Auch die Landwirtschaft leistete ihren Beitrag zu diesem Dilemma. Um die ineffektive Produktionsweise auszugleichen, setzten die staatlichen Agrarbetriebe auf den Einsatz von Düngern. Nach einer Aufstellung der von der Kommunistischen Partei herausgegebenen Zeitschrift „Zvaigne" (Stern) verbrauchten die sowjetischen Bauern im Jahr 800–1800 kg Mineraldünger pro Hektar. Die entsprechende Menge in Deutschland liegt bei 233 kg.

Im Hafen von Ventspils lagert nach Erhebungen der Umweltschutzorganisation VAK Chemie-Schlick von einem Meter Höhe, darunter auch ein großes Ammoniak-Lager. Jährlich kommen dort weitere Unmengen chemischer Abfälle hinzu.

In der Endphase der Sowjetherrschaft war die Ökologiebewegung sehr einflußreich. Sie verhinderte unter anderem den Bau eines Wasserkraftwerkes bei Daugavpils. Auch die Pläne des ehemaligen Rigaer Stadtoberhauptes, Alfred Rūbiks, eine U-Bahn zu bauen, die einen Teil der Altstadt zerstört hätte, scheiterte am entschiedenen Widerstand der Bürger. 1993 erhielt Riga endlich eine Kläranlage, nicht zuletzt dank ausländischer Hilfe. Damit wurde die Wasserqualität der Flüsse sowie der Ostsee erheblich verbessert.

Auch die Verschmutzung der Luft ist spürbar zurückgegangen. Möglich machte dies der Umstieg bei Bussen und LKWs auf westliche Marken – häufig Geschenke aus skandinavischen und westeuropäischen Ländern –, die erheblich weniger Schadstoffe ausstoßen als die alten Ikarus- und RAF-Fahrzeuge aus der sozialistischen Produktion.

Ein weiterer Erfolg der Umweltbewegung war die Weigerung der Regierung, einer Liechtensteiner Firma die Lizenz zu erteilen, in der Nähe von Riga für 450 Mio. US-$ drei Sondermüllverbrennungsanlagen mit einer Kapazität von 300 000 Tonnen zu errichten. Gegen deren Bau wandten sich auch Greenpeace sowie der Senat der Partnerstadt Bremen, der um Rat gefragt worden war.

Die geplante Sondermüllverbrennungsanlage war nicht der einzige Versuch westlicher Firmen, ihr Müllproblem gegen ein paar Devisen in Lettland zu lösen. Das Duale System Deutschland (DSD), Träger des Entsorgungssystems für Verkaufsverpackungen (Grüner Punkt), schloß mit einem lettisch-deutschen Müllmakler 1993 einen Vertrag. Offiziell sollten große Mengen der gelben Säcke dorthin geschafft und deren Inhalt in einem ehemaligen Chemiekombinat wiederverwertet werden. Tatsächlich fanden sich im Juni 1994 jedoch über 500 Ballen der gelben Säcke in einem Waldgebiet 30 km von Riga entfernt wieder, ein anderer Teil landete auf der Mülldeponie der Hauptstadt.

Es gibt aber auch positivere Beispiele der ökologischen Zusammenarbeit. So ist die Einrichtung des Kemeri-Nationalparks 40 km westlich von Riga auf die Kooperation von deutschen und einheimischen Umweltschützern zurückzuführen. An dem Projekt, das ein 400 km² großes Areal in einer einzigartigen Wald-, Moor- und Wasserlandschaft umfaßt, war der BUND (Bund für Umwelt und Naturschutz Deutschland e.V.) beteiligt.

Nicht ganz so erfolgreich war eine Kampagne von Umweltaktivisten gegen eine der prestigeträchtigsten Auslandsinvestitionen im Land. Am 15. Dezember 1994 eröffnete ein McDonald's Restaurant seine Pforten in Riga. Es war das erste der Fast-Food-Kette im Baltikum, dem inzwischen weitere gefolgt sind. Das 2 Mio.-US-$-Projekt traf auch bei den etablierten Parteien nicht auf uneingeschränkte Zustimmung. Diese störte vor allem die Nähe zum Freiheitsdenkmal. So blieb Oberbürgermeister Māris Purgailis der feierlichen Eröffnung fern. Aus anderen Gründen demonstrierten vor dem Gebäude Aktivisten von VAK. Sie kritisierten die Verwendung von Einweg-Plastikgeschirr sowie importiertem Fleisch. Damit stießen sie jedoch selbst bei Sympathisanten auf Unverständnis. Viele sahen darin eher ein Zeichen von Provinzialismus. Die Zeitung „Diena" kommentierte: „Man kann McDonalds mögen oder nicht, aber es ist lächerlich, sein Auftauchen in Lettland beinahe mit der Invasion sowjetischer Truppen auf eine Stufe zu stellen."

In Sachen Umweltpolitik gibt es zudem erhebliche Dissonanzen mit dem litauischen Nachbarn. Litauen plant den Bau eines Terminals für die Verladung von Öl auf der Ostsee, 1,5 km von der lettischen Grenze entfernt. Bei einem Unfall könnte der Westwind das Öl nach Lettland treiben. Die Initiatoren sind nicht bereit, über das Projekt mit Riga zu verhandeln, was dort den Verdacht nährt, daß russisches Geld dahinter steckt. Allerdings zeigt der Streit auch eine gewisse Entfremdung zwischen den baltischen Nachbarn. Viele Letten verdächtigen die Litauer, sich mehr an Polen zu orientieren, weil dieses Land bereits Mitglied der NATO ist.

Insgesamt gesehen ist Lettland ein Beispiel dafür, daß ökonomische Erfolge nicht gänzlich auf Kosten der Ökologie gehen müssen. Die Umweltschutzbewegung ist zwar nicht mehr so stark wie am Ende der Sowjetzeit, denn damals war sie vielfach das einzige Ventil des Protestes. Möglicherweise gibt es aber einen weiteren Aufschwung für sie, wenn der Überlebenskampf nicht mehr so hart ist.

Nicht reif für EU und NATO?

Der Wunsch nach Aufnahme in die Europäische Union sowie in die NATO ist in Lettland weit verbreitet, wenn auch nicht ganz so unumstritten wie in Estland. Die „Sozialistische Partei Lettlands", die sich zur sowjetischen Tradition bekennt, ist offen dagegen. Unklar erscheint bisweilen die Position der „Volkspartei" von Andris Šķēle sowie der nicht mehr im Parlament vertretenen populistischen Gruppierungen „Bewegung für Lettland" und „Saimnieks", doch treten sie nicht offen gegen die Westintegration des Landes auf. Alle anderen Fraktionen betrachten dies als eines der wichtigsten politischen Ziele.

Die Orientierung nach Westen hat nicht nur etwas mit wirtschaftlichem Denken und militärischem Sicherheitsbedürfnis zu tun. Sie ist auch ein Ausdruck davon, daß sich Lettland der westeuropäischen Kultur verbunden fühlt und dort gern als gleichberechtigter Partner akzeptiert werden möchte. Die EU und die NATO tun sich jedoch schwer mit den Letten. Vor allem die NATO-Mitgliedschaft wird auf absehbare Zeit wohl ein Traum bleiben.

Imageprobleme

Die Rückkehr Lettlands in das „gemeinsame Haus Europa" begann sehr mühsam. Als Estland und Litauen im Mai 1993 in den Europarat aufgenommen wurden, blieb Lettland wegen seiner Politik gegenüber den Russen außen vor. Erst im Januar 1995 konnte das Land den beiden anderen baltischen Staaten folgen. Die Mitgliedschaft im Europarat ist zwar nicht so bedeutungsvoll wie die in der EU, ist aber dennoch eine wichtige Prestigefrage, da sie sozusagagen die gelungene Demokratisierung bescheinigt. Bei den übrigen Integrationsbemühungen mußte die Regierung in Riga jedoch erkennen, daß für die entscheidenden Gremien in Brüssel, aber auch für viele Politiker aus den westlichen und südlichen EU-Staaten, die Wirtschaft die wichtigste Triebfeder des Einigungsprozesses ist.

Innerhalb der EU trat zunächst nur Dänemark als Anwalt der baltischen Staaten auf, während vor allem in Südeuropa große Skepsis herrschte. Die Länder dieser Region befürchteten bei einem Beitritt weiterer wirtschaftlich schwächerer Staaten eine Verminderung ihrer Zuschüsse aus dem Topf der EU.

Während die Balten sich möglichst rasch Assoziierungsverträge mit der Aussicht auf eine spätere Mitgliedschaft wünschten, konnte sich die EU im Februar 1994 gerade zu Freihandelsverträgen ohne weitere Verpflichtung durchringen. Damals zweifelten noch viele Beobachter, ob die versprochene Stabilität und der ausgeglichene Haushalt von der lettischen Regierung erreicht werden könnten. Die Bankenkrise von 1995 schien den Skeptikern Recht zu geben, die Schockwellen waren noch Jahre später zu spüren.

Am 1. Januar 1995 verbesserten sich die Ausgangsbedingungen für die baltischen Staaten grundlegend. Finnland und Schweden traten der EU als Vollmitglieder bei. Dadurch wurde die Position Dänemarks als Anwalt der Balten gestärkt. Fünf Monate später waren die erhofften Assoziierungsverträge mit der ausdrücklichen Perspektive auf eine Mitgliedschaft unterschriftsreif.

Der weitere Weg Richtung EU orientierte sich allein an den aktuellen Wirtschaftsdaten – zum Nachteil von Lettland, dessen Wirtschaft sich erst nach der Bankenkrise wirklich konsolidierte. Am 15. Juli 1997 empfahl die EU-Kommission in Brüssel, Beitrittsverhandlungen mit folgenden sechs Staaten aufzunehmen: Estland, Polen, Slowenien, Tschechische Republik, Ungarn und Zypern. Ein Gipfeltreffen der Staats- und Regierungschefs bestätigte die Empfehlung. Lettland war also vorerst auf der Strecke geblieben. Zu der Bankenkrise kam ein weiteres unvorhergesehenen Hindernis. Auf Initiative des früheren französischen Außenministers Balladur hatte sich die EU verpflichtet, nur Staaten aufzunehmen, die keine offenen Grenzstreitigkeiten mit den Nachbarn haben. Lettland hatte zur Zeit der Wiederherstellung der Unabhängigkeit aber noch Ansprüche auf das alte Staatsgebiet um Abrene, das von Moskau 1945 der russischen Sowjetrepublik zugeschlagen worden war. Durch die Fürsprache Deutschlands wurde die Balladur-Initiative, die auch Estland betraf, nicht gegen die baltischen Staaten verwendet.

Inzwischen hat sich die lettische Wirtschaft so weit entwickelt, daß sie der estnischen nicht mehr nachsteht. Auch den Vergleich mit den anderen Beitrittskandidaten muß Lettland nicht scheuen. Vor allem in der Geldwertstabilität, einem der wichtigsten Kriterien in Brüssel, ist das Land in Osteuropa unerreicht. Daß Lettland dennoch in der EU-Zentrale nicht so angesehen ist, betrachten viele als Imageproblem. Das Vertrauen ist nach dem Konkurs der Banken und der Art und Weise seiner Bewältigung noch nicht vollständig wiederhergestellt. Auch der Dauerstreit mit Moskau um die Situation der russischstämmigen Bevölkerung ist ein Hindernis. Es hilft den Letten nicht viel, daß ihre Minderheitenpolitik besser als ihr Ruf ist und der Konflikt auch in Westeuropa häufig durch die Moskauer Brille ohne Verständnis für die historischen Hintergründe betrachtet wird.

Strategische Vorbehalte

Noch weniger als die EU ist die NATO derzeit bereit, mit Lettland über eine Mitgliedschaft zu verhandeln. Sie beschränkte solche Verhandlungen bei einem Gipfeltreffen am 8./9. Juli 1997 in Madrid auf Polen, Ungarn und die Tschechische Republik. Neben den Balten gingen auch die beitrittswilligen Staaten Rumänien und Slowenien leer aus. Immerhin mag der rasche Abschluß der Gespräche den anderen osteuropäischen Staaten neue Hoffnung geben. Bereits im März 1999 wurden die drei ehemaligen Warschauer-Pakt-Staaten feierlich in die NATO aufgenommen. Sie brachten eine neue Dynamik in die Gemeinschaft, denn Ungarn votierte bereits für rasche Beitrittsverhandlungen mit der Slowakei.

Auch in Riga haben sich die Politiker durch die Entwicklung nicht entmutigen lassen. Sie pochen vor allem auf Artikel 10 des NATO-Vertrages, der allen europäischen Staaten das Recht auf eine Mitgliedschaft zugesteht. Außerdem fühle sich Lettland eng der Wertegemeinschaft verbunden, die von der NATO immer wieder betont werde, versichern sie.

Jeder im Land kennt jedoch die Gründe für das Verhalten der Organisation: Die NATO will Rußland nicht provozieren, sondern sucht nach einer neuen Partnerschaft mit dem alten Feind. Die Regierung in Moskau hat mehrfach zu verstehen gegeben, sie werde die NATO-Mitgliedschaft eines Landes, das eine gemeinsame Grenze mit Rußland hat und zudem einst Teil der Sowjetunion war, nicht akzeptieren. Dabei verstecken sich die Politiker bisweilen sogar hinter den Gefühlen der Bevölkerung: „Wenn morgen NATO-Schiffe in die unseren Menschen noch so vertrauten Häfen von Klaipeda, Liepāja und Tallinn einlaufen, kann ich mir die öffentliche Reaktion lebhaft ausmalen. Extremistische Aufrührer aller Schattierungen würden durch Fehlentscheidungen der NATO politisch reanimiert", erklärte der Sekretär des Sicherheitsrates und frühere Parlamentspräsident, Iwan Rybkin, in einem Spiegel-Interview vom 26. Mai 1997. Jelzins Sprecher Sergej Jastrschembskij betrachtete die Aufnahme der Balten sogar als „große Bedrohung" für Rußland.

Aber nicht nur aus Moskau kommen Vorbehalte. Auch Friedensgruppen wie die „Internationale Ärztevereinigung zur Verhütung eines Atomkriegs" (IPPNW) wenden sich gegen die NATO-Erweiterung. Im Falle der Balten übernehmen sie sogar das Argument aus Moskau: NATO-Staaten hätten die Pflicht, Atomwaffen auf ihrem Territorium zuzulassen. Somit könnten westliche Sprengköpfe nahe an russisches Gebiet herangebracht und für das Land zur Bedrohung werden, fürchtet die IPPNW. Sie übersieht dabei, daß die NATO heute eine andere Politik gegenüber Rußland verfolgt als zur Zeit des Kalten Krieges. Zudem wäre es im Zweifelsfall denkbar, der Stationierung von Atomwaffen im Baltikum durch Zusatzverträge einen Riegel vorzuschieben.

Immerhin stößt das Sicherheitsbedürfnis der baltischen Staaten nicht grundsätzlich auf Ablehnung. Die NATO möchte sie deshalb in ein anderes Sicherheitskonzept integrieren. Die „Partnerschaft für den Frieden" schließt auch die skandinavischen Nicht-NATO-Staaten Schweden und Finnland ein. Dabei geht es um die Kooperation einzelner Waffengattungen, zum Beispiel gemeinsame Flottenmanöver in der Ostsee, Minenräumaktionen vor baltischen Häfen oder die Überwachung des Luftraumes. Für die Politiker in Riga ist dies jedoch keine wirkliche Alternative. Präsident Ulmanis hat der NATO sogar eine „Passivität gegenüber dem Baltikum" vorgeworfen, die es aufzugeben gelte.

Die Letten sind aus zwei Gründen über die Zurückhaltung der NATO enttäuscht. Der eine ist historischer Natur. Der Hitler-Stalin-Pakt und sein geheimes Zusatzprotokoll hat sie der Sowjetunion ausgeliefert, und heute ist genau diese Okkupation ein wichtiges Argument gegen die Erweiterung. Damit fühlen sie sich zum zweiten Mal als Opfer des unglückseligen Pakts. Völkerrechtlich angemessen wäre es hingegen, die Folgen des Paktes endgültig zu beseitigen und das Baltikum nicht länger zum Hegemonialbereich Rußlands zu zählen.

Der andere Grund ist sicherheitspolitischer Natur. Er wird durch die Aufnahme anderer osteuropäischer Staaten eher noch verstärkt. Wenn die Ostgrenze der NATO einmal mit der Westgrenze des Baltikums zusammenfällt, fühlen sich Esten, Letten und Litauer in einer sicherheitspolitischen Grauzone. Die NATO hat dann ihren Einflußbereich deutlich abgesteckt und das Baltikum Rußland überlassen, das aus verständlichen Gründen dort nicht viel Vertrauen genießt. Die unverhohlenen Großmachtansprüche eines Jurij Luschkow tragen nicht dazu bei, das Vertrauen zu stärken.

Allmähliches Umdenken

Die Initiative zur NATO-Erweiterung stammt nicht von der NATO selbst und ist älter als der Zerfall der Sowjetunion. Dies wird vor allem von Friedensgruppen in Westeuropa bisweilen übersehen. Ungarn hatte diese Option schon kurz nach der Öffnung Osteuropas im Februar 1990 ins Spiel gebracht; Polen und die damalige Tschechoslowakei schlossen sich ihr bald an. Die NATO zögerte zunächst. Erst der Krieg im ehemaligen Jugoslawien sowie die allgemeine Destabilisierung in Rußland führten zu einem allmählichen Umdenken. Vor allem Deutschland zählte zu den Befürwortern, während sich die USA einstweilen zurückhielten. Im Zuge der neuen Partnerschaft mit Moskau wollte die NATO jedoch keine Schritte unternehmen, die dort als Affront aufgefaßt werden könnten. Schließlich gab Rußland grünes Licht zur Mitgliedschaft der Staaten, mit denen es keine gemeinsame Grenze hat. Auch die USA gaben ihre Zurückhaltung auf, denn angesichts der Dynamik wäre womöglich ihr Führungsanspruch in Frage gestellt worden. Im Dezember 1995 veröffentlichte die NATO eigens eine Studie zur Osterweiterung, die im wesentlichen die Vorschläge enthielt, die von den Politikern in die Praxis umgesetzt wurden.

Einmal mehr machte sich Dänemark für die Balten stark. Doch auch US-Präsident Bill Clinton stand den baltischen Ansprüchen nicht ganz verständnislos gegenüber. Das demonstrierte er im Juli 1994 durch einen Besuch in Riga. Ohne sich konkret festzulegen, versicherte er den Letten, „daß keine europäische Demokratie letztlich von der Mitgliedschaft in der NATO ausgeschlossen bleiben soll". Große Vorbehalte gegen die Einbeziehung des Baltikums gab es dagegen aus Deutschland. Der frühere Bundeskanzler Helmut Kohl, der dem Baltikum einen Staatsbesuch immer versagt hat, wollte sein ausgesprochen gutes Verhältnis zum russischen Präsidenten Boris Jelzin nicht durch derartige Planspiele belasten. Diese Botschaft überbrachte der damalige Verteidigungsminister Volker Rühe den Letten bei einer Visite im August 1995. Die Enttäuschung darüber, daß sich ausgerechnet das für den Hitler-Stalin-Pakt mitverantwortliche Land aus politischem Opportunismus heraus seiner historischen Verantwortung entzieht, war groß in Lettland.

Sollte es nach der Aufnahme von Polen, der Tschechischen Republik und Ungarn noch zu einer großen Lösung mit den baltischen und südosteuropäischen Staaten kommen, bietet dies der NATO die Chance, das eigene Selbstverständnis grundlegend zu überdenken. Dann wäre sie gezwungen, mehr denn je zu einem politischen Bündnis zu werden.

Die Privatisierung der Landwirtschaft verlangt den lettischen Bauern Zähigkeit und Ausdauer ab – Foto: Chr. Prager

KULTUR UND GESELLSCHAFT

Der allgegenwärtige Einfluß der Kultur

Sängerfeste mit einigen Tausend Aktiven und Hunderttausenden von Zuhörern; Lyrikbände mit fünfstelliger Auflage, die in wenigen Wochen vergriffen sind; ausverkaufte Theatervorstellungen während einer ganzen Saison...

Schon im deutschsprachigen Raum mit seinen knapp 100 Millionen Menschen wäre dies beeindruckend. Die Rede ist aber von Lettland mit gerade 2,5 Millionen Einwohnern. Die Rolle der Kultur im Alltag der Menschen kann Künstler und Veranstalter in Westeuropa neidisch werden lassen. Von Sängerfesten, die ein Viertel der Bevölkerung auf die Beine bringen, oder Lyrikbänden, die von jedem 50. Bewohner gekauft werden, wagt hierzulande niemand auch nur zu träumen. Schon im 19. Jahrhundert hat die Kultur entscheidend zur Ausbildung einer eigenen Identität beigetragen, und der friedliche Kampf um die Unabhängigkeit trägt den Namen „singende Revolution". In einem Volkslied heißt es: „Singend wurde ich geboren/singend wuchs ich auf/singend lebte ich mein Leben/Singend wird meine Seele/ In den Garten der Söhne Gottes gehen.

Die Dainas

Das große Repertoire alter Überlieferungen aus vorchristlicher Zeit ist ein wichtiger Schlüssel zum Verständnis der lettischen Identität. In Ermangelung einer eigenen Schrift wurden die Sagen, Märchen und Erzählungen mündlich von Generation zu Generation weitergegeben. Am bekanntesten sind die Dainas, zumeist vierzeilige, viele Jahrhunderte alte Volkslieder. Ihre Themen spiegeln das Leben des Einzelnen und der Gemeinschaft wider: den Alltag mit Arbeit, Festen und Brauchtum, das Verhältnis zur Natur und zu anderen Völkern; die Stationen von der Geburt bis hin zum Tod; die Vorstellungen vom Leben danach, vom Himmel und von den Sternen.

Heute zählen Experten etwa 1,5 Millionen Dainas. Sie sollen zu den ältesten Quellen der mündlichen Überlieferung in Europa gehören und mehrheitlich von Frauen stammen. Als deutsche Ritter und Missionare ab dem späten 12. Jahrhundert begannen,

Der Mathematiker und Astronom K. Barons hatte sein Lebensziel darin gefunden, die lettischen Volkslieder, Dainas, zu sammeln und zu archivieren –
Foto: K. Ludwig

Lettland zu erobern, konnte sich die einheimische Sprache und Kultur in den Dainas am besten behaupten.

In der zweiten Hälfte des 19. Jahrhunderts wurden sie „wiederentdeckt", systematisch gesammelt und herausgegeben. Diese Arbeit ist vor allem mit einem Namen verbunden, Krišjānis Barons (1835–1923). Barons hatte in Tartu Mathematik und Astrologie studiert und sich dann als Hauslehrer nach Moskau begeben. Dort fing er an, Dainas zu sammeln, die er zunächst in leeren Zigarettenschachteln archivierte. Da er dabei bald die Übersicht zu verlieren drohte, ließ er sich eigens dafür einen Schrank mit zahlreichen Schubladen anfertigen. Bei seiner Rückkehr nach Riga 1893 war der Schrank bereits zu einem wichtigen Bestandteil der lettischen Kultur geworden. Von Riga aus wandte sich Barons über Zeitungen an seine Landsleute und bat um die Zusendung von Dainas. Das Echo übertraf alle Erwartungen. Aus dem ganzen Land meldeten sich Menschen. Die Herausgabe der Volkslieder begann 1894 und zog sich über 21 Jahre hin. Am Ende standen sechs Bände mit 220 000 Dainas. Damit hatte Barons, der selbst nur als mittelmäßiger Autor galt, die Grundlage für die Erforschung der lettischen Kultur geschaffen. Hohes Lob

*Der „Daina-Schrank"
von K. Barons, in dessen
Schubladen und Fächern
die lettischen Volkslieder
(Dainas) verwahrt und
klassifiziert werden*

kam nach Vollendung des Werkes von dem bedeutendsten Dichterehepaar, Jānis Rainis und Aspāzija:

„Sie, lieber Vater, wissen, daß dieses Volk, das siebenhundert Jahre grausamer Sklaverei und Unmenschlichkeit überlebt hat, jetzt nicht mehr zugrunde gehen kann. Man kann unsere Zunge zum Schweigen bringen und fremde Sprachen sprechen lassen, doch in unseren Ohren werden die von Ihnen gesammelten Lieder klingen, und sie werden ein Echo in unseren Herzen finden."
(Aus: „Hab fünf Truhen voller Lieder. Lettische Dainas", Ost-Berlin 1985, S. 142, ohne Herausgeber)

Die Alphabetisierung

Barons Arbeit verhalf dem Lettischen zu einer Bedeutung, die es nie zuvor in der Geschichte besessen hatte, und vor allem die Intellektuellen fühlen sich mit dieser Tradition heute noch immer eng verbunden. Der Schriftsteller Jānis Peters schreibt im Nachwort zu dem Buch „Hab fünf Truhen voller Lieder": „So unterbrach im 13. Jahrhundert der Feldzug deutscher Kreuzritter die beginnende Entwicklung... in Lettland und unterband die Herausbildung der lettischen Nation für volle sieben Jahrhunderte... Unsere nationale Kultur und unsere Intelligenz sind heute erst hundertfünfzig Jahre alt; aus alledem erklärt sich, warum wir mit so viel Zärtlichkeit an jedem unserer Lieder hängen, das im Gedächtnis des Volkes verborgen, unsere Sprache – die Voraussetzung für unsere nationale Intelligenz – rettete und konservierte." (a.a.o., 1985 S. 136).

Mit der Reformation erfolgte die Verschriftlichung der lettischen Sprache, wenn zunächst auch nur, um den christlichen Glauben zu verbreiten. 1585 erschien das erste Buch in einheimischer Sprache, „Der kleine Katechismus", verfaßt von dem Jesuitenpater Erdmann Tolgsdorf. Das Werk ist vor dem Hintergrund der Gegenreformation zu sehen. Die Jesuiten wollten den Protestanten mit deren Methoden die Gläubigen streitig machen. 1638 kam das erste lettische Wörterbuch heraus und 1694 schließlich die vollständige Übersetzung der Bibel. Ernst Gluck, ein deutscher Prediger auf einem Lehrerseminar für Einheimische, hatte die Arbeit in acht Jahren fertiggestellt. Obwohl es bei diesen Publikationen nicht um nationale Emanzipation ging, schufen sie für die Letten jedoch die Voraussetzung, sich der eigenen Kultur anders als nur durch die mündliche Tradition zu nähern.

Titelbild des lettischen Katechismus von 1585

Die Jungletten

Die lettische National- und Kulturbewegung entstand Mitte des 19. Jahrhunderts in St. Petersburg. Dort nämlich studierten eine wachsende Zahl von Männern und einige Frauen, deren Interesse über eine fundierte russische und deutsche Bildung hinausging.

Aspāzija

Wenn Aspazija auch als bedeutendste lettische Dichterin gilt, so stand sie dennoch zumeist im Schatten ihres Mannes Jānis Rainis – zu seinen Lebzeiten, als sie die eigene Karriere vernachlässigte, um für ihn dazusein, und nach seinem Tod in der literarischen Rezeption seines Werkes. Die vermutlich am 16. März 1865 (manche Quellen verzeichnen das Jahr 1868) als Johanna Emilija Lizete Rozenberg geborene Dichterin stammte aus einer wohlhabenden Bauernfamilie in der Provinz Semgallen. Sie wuchs unter dem Einfluß ihrer Mutter auf, die selbst keine Schulausbildung genossen hatte, ihrer Tochter diese aber unbedingt zukommen lassen wollte. Der Ehrgeiz der Mutter hatte zwei Seiten. Einerseits erhielt die junge Frau Zugang zu einer gewissen Allgemeinbildung; andererseits wollte die Mutter sie nach ihrem Bilde formen. Sie verbot ihr den Umgang mit den Kindern der Bediensteten, doch gerade zu denen fühlte sie sich hingezogen. Von ihnen wurde sie früh mit der Märchen- und Sagenwelt vertraut gemacht.

Mit 16 Jahren war ihre Schulzeit beendet. Die sensible und wissensdurstige junge Frau, die alle Elsa nannten, wurde gegen ihren Willen verheiratet. Die Ehe mit einem ungebildeten Alkoholiker war ein Trauma. Schon nach wenigen Jahren setzte sich der Mann jedoch nach Amerika ab, um seinen Schuldnern zu entkommen. Für Elsa war dies die Erlösung. Sie konnte sich wieder ihren eigentlichen Interessen zuwenden, und zwar mit größerer Entschlossenheit als jemals zuvor. Mit 22 Jahren veröffentlichte sie ihr erstes Gedicht unter dem Pseudonym Aspāzija in Anlehnung an Aspasia, eine der berühmtesten Frauen des griechischen Altertums, die gegen die gesellschaftlichen Widerstände ihre Freiheit auf allen Ebenen verteidigte: intellektuell, finanziell und sexuell. Diese Einstellung bestimmte für das nächste Jahrzehnt ihre Dichtung und ihr Leben. In ihren Dramen und Gedichten zeichnete sie starke Frauengestalten, die sich in einer von Doppelmoral geprägten Gesellschaft durchsetzen müssen.

Die Begegnung mit dem gleichaltrigen Jānis Rainis 1894, der damals Chefredakteur der linken Zeitung „Dienas lapa" war, änderte ihr Leben grundlegend. Die lettische Literaturwissenschaftlerin Aija Prie-

Sie knüpften an die traditionelle lettische Kultur an, deren Entwicklung die deutsche Eroberung etwa ein halbes Jahrtausend zuvor unterbrochen hatte. Die Gruppe wurde als „Jungletten" bezeichnet, ein Ausdruck, der zunächst einen despektierlichen Beiklang hatte, dann aber von den Aktivisten selbst aufgegriffen wurde. Die bedeutendsten Persönlichkeiten der Bewegung waren

dite von der Universität Stockholm schreibt darüber: „...hier beginnt eine Liebesgeschichte, in der Aspāzija, überzeugt von Rainis' Dichtergenie, alles tut, um sein Selbstvertrauen zu stärken und ihn berühmt zu machen. In diesem Kampf um Rainis hat Aspāzija sich selbst vergessen." (Aus Baltica, Hamburg, Heft 2, Juni 1991, S. 11) Die Abhängigkeit war durchaus gegenseitig, auch wenn Rainis selbst bei gemeinsamen Werken wie einer Faust-Übersetzung nach außen als der Aktive auftrat. Als der sozial engagierte Rainis 1897 zu fünf Jahren Verbannung nach Rußland geschickt wurde, arbeitete Aspāzija selbst noch weiter literarisch. Aber als sie neun Jahre später ins Schweizer Exil gehen mußten, wurde die Rollenverteilung überaus klassisch. Sie war die sorgende Ehefrau, die ihm aus seinen Depressionen heraushalf, ihn betreute, sich um die kargen Finanzen kümmerte und auch sonst alles tat, damit er produktiv sein konnte. So kehrte er 1920 als bedeutender Dichter zurück und Aspāzija als die Frau an seiner Seite.

Unter den weitaus günstigeren Bedingungen in Riga begann eine persönliche Entfremdung zwischen beiden, was bei ihr dazu führte, daß sie sich wieder der eigenen literarischen Tätigkeit zuwandte. Darüber hinaus engagierte auch sie sich in der Politik als Vorkämpferin für die Frauenrechte. Einmal gelang ihr der Sprung ins Parlament. Im Grunde bestimmte Rainis ihr Leben jedoch über seinen Tod 1929 hinaus. Danach widmete sie sich nämlich wieder der Aufgabe, seine Schriften herauszugeben; außerdem beteiligte sie sich engagiert an der Diskussion über sein Werk.

Auch politisch vollzog sie im Alter eine Kehrtwendung, die im krassen Widerspruch zu ihren früheren Überzeugungen stand. Sie unterstützte das autoritäre Ulmanis-Regime, welches ihr im Gegenzug dafür den „Preis des Vaterlandes" für außerordentliche Verdienste um die Kultur verlieh. Aspāzija starb am 5. November 1943, als Lettland von deutschen Truppen besetzt war. Ihr Begräbnis wurde eine eindrucksvolle Demonstration für die lettische Identität.

Krišjānis Valdemars (1825–1891), Juris Alunāns (1832–1865), Jānis Rainis (1865–1929) und Emilīs Melngailis (1874–1954). Zu ihnen stießen auch Nicht-Petersburger wie der bereits erwähnte Krišjānis Barons, die Nationaldichterin Aspāzija (1865–1943), Anna Brigadere (1861–1933), Rudolfs Blaumanis (1863–1908) und Andrejs Pumpurs (1841–1902).

1862 erschien in St. Petersburg die erste lettische Zeitung. Die Jungletten verstanden es, die Probleme der einfachen Bevölkerung aufzugreifen und sich ihr verständlich zu machen. Ihre Publikationen handelten von der Bedeutung der Bildung und Erziehung für Kinder und Erwachsene. Zudem prangerten die Redakteure soziale Mißstände an und beteiligten sich auf diese Art am Kampf gegen den Feudalismus.

Durch die Arbeit der Jungletten änderten sich Sprache und Bewußtsein. Die Literaturwissenschaftlerin Birgita Silina aus Riga schreibt darüber: „... leisteten Erhebliches bei der Einführung zahlreicher Neuschöpfungen im Wortschatz des Lettischen, das bis dahin als Bauernsprache mit eingeschränkter Alltagstauglichkeit angesehen worden war. Für abstraktere Sachverhalte war das Lettische nach dieser Ansicht zu wenig differenziert, so daß die Neuschöpfung vieler Worte vor allem eine sozio-linguistische Tat bedeutete. Die Ausmerzung von Germanismen im Alltagslettischen hatte sowohl linguistische als auch sozio-politische Bedeutung, zwang sie doch jeden Letten dazu, seine Worte sorgfältig zu wählen, was zu seiner Erziehung und der Entwicklung seiner linguistischen und kulturellen Kompetenz beitrug." (Aus: Baltica, Hamburg, Heft 4, Dezember 1993, S. 14/15)

Mit ihrer Agitation verzeichneten die Jungletten somit ganz praktische Erfolge. An der Schwelle zum 20. Jahrhundert konnte nahezu die gesamte lettische Bevölkerung lesen und schreiben, in Rußland dagegen nur 20–30%.

Was Barons für die alte Dichtung geleistet hatte, schaffte Emilīs Melngailis für die Melodien. Unermüdlich reiste er durch das Land und ließ sich von den Menschen vorsingen und -spielen, was sie an traditionellem Liedgut kannten. Er hielt die Melodien in Noten fest, sammelte, ordnete und veröffentlichte sie.

In dem dichterischen Werk der Jungletten spielt die Natur eine wichtige Rolle. Immer wieder lautet die Botschaft, daß sich der Mensch ihren Gesetzen unterzuordnen hat. Verstößt er dagegen, fügt er sich selbst Schaden zu. Diese traditionelle Naturphilosophie dokumentiert, wie wenig das christliche Gedankengut in das allgemeine Bewußtsein gedrungen war, das von der Beherrschung der Natur durch den Menschen ausgeht. Auch in den zwischenmenschlichen Beziehungen, vor allem innerhalb der Familie, wird Harmonie als das höchste Ziel gepriesen.

Das bedeutendste literarische Werk dieser Epoche schuf Jānis Rainis, der eigentlich Janis Plieksans hieß. Die Sehnsucht der Menschen nach Freiheit und Selbstbestimmung prägte seine Theaterstücke und Gedichte. So griff auch er den Lāčplēsis-Stoff auf, dessen bekannteste literarische Verarbeitung allerdings auf

---

Gedicht von Aspāzija

Herbsthexen
Von niemand geladen
sind sie gekommen,
Hexen des Herbstes,
durch Sümpfe gewatet,
durch Lüfte geflogen,
von Nebelbergen, aus Teufelshöhlen.

Gefolgt von Gängern,
zottigen, spurrigen,
struppigen Wolken:
Fressern und Säufern
mit runden Bäuchen,
gestopft zum Platzen.
Fraßen die Sonne,
tranken das Licht aus.

Gefolgt von Fahrern,
ratternden Donnern,
prasselnden Hageln,
knatternden Stürmen.
Fuhren der Finsternis
sind vollgeladen.
Stahlen das Jahr weg,
entführten die Tage.

(Aus: Baltica, Hamburg, Heft 2/1991, S.17. Das Original stammt aus der Lyriksammlung „Raganu nakts" (Die Nacht der Hexen), übersetzt von Elfriede Eckardt-Skalberg, 1923. Die Inhaber der Rechte konnten nicht mehr ausfindig gemacht werden)

Andrejs Pumpurs zurückgeht. Nach der Revolution von 1905 floh dieser ins Schweizer Exil, kehrte jedoch mit der Unabhängigkeit heim und nahm erneut aktiv am politischen Geschehen teil. Von 1926–1928 amtierte er als sozialdemokratischer Bildungsminister. Bei den Präsidentschaftswahlen konnte er sich jedoch nicht durchsetzen, was er als große persönliche Enttäuschung empfand.

Sozialistische Einschränkungen

Mit der sowjetischen Okkupation verschlechterten sich die Bedingungen für die Künstler aller Bereiche. Die Literaten traf es besonders hart. Sie mußten sich am „sozialistischen Realismus" orientieren, der forderte: Parteilichkeit im Sinne der KPdSU, Verbundenheit mit dem, was die Partei für das Volk hielt sowie Denken in historischen Kategorien.

Konnten sich die Schriftsteller diesen Ansprüchen teilweise durch Symbolsprache, Wortspiele und Andeutungen entziehen, gab es gegen die Dominanz des Russischen kein Mittel. Noch lange nach Stalins Tod verlangte Moskau, „das Russische als Sprache der Freundschaft und der Zusammenarbeit zwischen den Völkern der Sowjetunion zu behaupten". Die russische Kultur wurde zur Sowjetkultur schlechthin. Alles Nicht-Russische galt

---

Heinrich Böll in Jūrmala

Heinrich Böll unterhielt bekanntlich schon früh enge Kontakte zu sowjetrussischen Schriftstellern. Mit Lew Kopelew und dessen Frau Raissa Orlowa verband ihn eine enge Freundschaft, die ihn mehrfach nach Moskau führte. Bei einem Besuch im Sommer 1965 machte er einen zweiwöchigen Abstecher nach Lettland. Er war dort als Gast des lettischen Schriftstellerverbandes, der ihn in einem seiner Heime unterbrachte. In Jūrmala, dem Ostseestrand vor den Toren Rigas, traf er am 9. August mit den wichtigsten Schriftstellern im Land zusammen, so mit Gunars Priede und Aleksei Arbusow. Von dort aus fuhr er über Leningrad zurück nach Moskau, um die Heimreise anzutreten. Der Aufenthalt in Lettland diente wohl eher der Erholung als der Arbeit, denn Böll nimmt auch in seinen autobiographischen Werken kaum Bezug darauf. Bei den lettischen Schriftstellern ist er dagegen in bleibender Erinnerung geblieben.

als nationale Äußerung und war verpönt. Örtliche Funktionäre übernahmen die Vorgaben aus Moskau mit großem Eifer. Sie hielten den Literaten das russische Beispiel als leuchtendes Vorbild vor Augen. Bei dieser Art der sozialistischen Pflichterfüllung taten sich die lettischen Kommunisten besonders hervor. So schrieb der für ideologische Fragen zuständige ZK-Sekretär der KP Lettlands, Imants Andersons, noch 1982 den Autoren ins Stammbuch:

„Eine besondere Rolle spielt die Kultur des russischen Volkes, dessen ästhetische Erfahrung. Der tiefverwurzelte Humanismus, die Volkstümlichkeit der russischen Klassik, das strahlende bürgerliche und moralische Pathos, das sich in den Werken moderner russischer Autoren und Künstler offenbart – all dies beeinflußt den schöpferischen Prozeß des künstlerischen Schaffens in unserm Land positiv und konfrontiert jeden Schriftsteller und Künstler mit höheren Maßstäben für seine Arbeit." (Aus: Osteuropa-Info, Nr. 62/63, Berlin 1985, S. 80)

Insgesamt gesehen konnten sich die Autoren in Lettland dem staatlichen Druck weniger entziehen als in Estland oder Litauen.

In den 80er Jahren wurden die Freiräume allmählich größer. Verlage wagten es, gesellschaftskritische Werke herauszubringen, die geprägt waren von den Erfahrungen des Krieges und der stalinistischen Repression. Die Zensur wurde häufig dadurch überlistet, daß die Kritik in historischer Verkleidung erschien. Dadurch erhielt die Unzufriedenheit der Bevölkerung gegenüber der Parteipolitik ein wichtiges Ventil. Aber auch Themen aus der Natur und Mythologie waren und sind Gegenstand der Werke. Eine herausragende zeitgenössische Vertreterin dieser sehr in der Tradition verhafteten Dichtung ist die Lyrikerin Māra Zalite.

Die Sängerfeste

„Der einzige Krieg, dessen wir uns rühmen, ist der Sängerkrieg. Das ist eine aus Urzeiten überlieferte Tradition: sich gegenseitig zu ‚besingen', mit Liedern zu ‚beschießen' und einander zu ‚besiegen' trachten", schreibt der bereits erwähnte Jānis Peters. Während der nationalen Emanzipationsbewegung in der zweiten Hälfte des 19. Jahrhunderts wurde der Sängerkrieg zum Sängerfest und das Volk nicht nur zum Adressaten, sondern zum aktiven Teil der kulturellen und politischen Betätigung. Die Sängerfeste gehen auf eine estnische Initiative zurück. Aus Anlaß des 50. Jahrestages der Befreiung von der Leibeigenschaft veranstaltete ein Kulturverein in Tartu erstmals ein solches Fest. Die Zustimmung war so überwältigend, daß Lettland die Idee aufnahm. Bereits 1873 fand das erste Sängerfest in Riga statt, und die Organisatoren legten Wert darauf, daß auch Chöre aus abgelegenen Gebieten das Programm mitgestalteten.

Bis heute sind diese Veranstaltungen ein wichtiger Bestandteil des öffentlichen Lebens und immer auch ein Spiegelbild der politischen Situation. In den letzten Jahren der Zarenherrschaft konnten sie nur unter großen Schwierigkeiten organisiert werden, weil die einheimische Sprache verboten war. Dagegen waren sie in der ersten Epoche der Unabhängigkeit das bedeutendste kulturelle Ereignis. Später bediente sich sogar der Stalinismus der Sängerfeste, denn auch sie standen im Zeichen der sowjetischen Propaganda, und russische Soldatenchöre bestritten einen großen Teil des Programms. In der Zeit der großen Stagnation unter Breschnew boten die Feste eine der wenigen Möglichkeiten sich auszudrücken, auch wenn die Beiträge nicht besonders kämpferisch oder patriotisch sein konnten.

Das letzte Sängerfest vor der Wiedererlangung der Unabhängigkeit im Juli 1990 mobilisierte 300 000 Menschen. Es war insgesamt das 21. und eine machtvolle politische Demonstration. Die rot-weiß-roten Nationalfarben prägten das Bild, erstmals wagten es die Menschen wieder, ihre Nationalhymne zu singen, und die Freudentränen flossen reichlich. Das letzte Sängerfest 1998 half den Menschen, den schwierigen Alltag für ein paar Tage zu vergessen. Heute findet es wieder in einem vierjährigen Rhythmus statt.

Pop und Folklore: Repression gegen neue Ideen

Während der Breschnew-Ära wurde Unterhaltungsmusik als Bestandteil der Alltagskultur erstmals akzeptiert und die traditionelle Volksmusik sogar gefördert, wenn sie dazu beitrug, die Einheit des Sowjetstaates zu stärken. Den jungen Lettinnen und Letten reichte dieser enge Rahmen jedoch nicht. Sie pflegten zwei Musikrichtungen als Form des Protestes, die gemeinhin als gegensätzlich betrachtet werden, Pop und Folklore. Unter den besonderen Bedingungen Lettlands erfüllten sie indes eine ähnliche Funktion, und die Anhänger entstammten demselben Milieu. Die Popmusik wandte sich gegen die staatlich geförderte Unterhaltungsmusik, die Folklore gegen die staatskonforme Volksmusik. Den sowjetischen Behörden erschien auch die Einbeziehung des Publikums durch die Künstler subversiv, trug sie doch den Keim einer demokratischen Partizipation in sich.

Die Pop-Musiker orientierten sich an der musikalischen Protestbewegung der USA und Westeuropas. Vor allem Seeleute sorgten dafür, daß Schallplatten heimlich ins Land gelangten. Örtliche Gruppen studierten die Musik ein und paßten sie ihren Verhältnissen an. Zunächst waren englische Texte populär, später schufen die Gruppen Protestlieder in ihrer eigenen Sprache.

Nach dem Vorbild der westlichen Welt entstand eine soziale Bewegung um die Musik herum. Sie orientierte sich an Werten wie Gewaltfreiheit und Rückkehr zur Natur. Praktische Folgen waren eine immer mehr Anhänger findende vegetarische Ernährungsweise und in Einzelfällen sogar Kriegsdienstverweigerung, die für die jungen Männer in der Sowjetunion allerdings mit drakonischen Strafen verbunden war. Hinzu kamen nationale Ideale.

Ein bekanntes Beispiel ist eine Gruppe von Hippies, die sich in den 70er Jahren auf einem abgelegenen Bauernhof niederließ. Der Ausgangspunkt für die Initiative war die Frage „Was macht uns als Letten aus?" Nach eigenem Bekunden wollten sie dies in einer Umgebung herausfinden, „in der sich die Kunst und Lebensweisheit unseres Volkes herausgebildet haben". Letztlich sollte aus dem Projekt ein ethnographisches Museum werden. Die staatlichen Behörden reagierten darauf mit großer Verunsicherung und Mißtrauen. Zwar brachte eine Hausdurchsuchung keinerlei Beweise für subversive Tätigkeiten, doch blieben die jungen Menschen im Visier des Geheimdienstes.

Auch unabhängig von solchen Aktionen traf die Musiker die ganze Willkür der nachstalinistischen Ordnung. Um überhaupt auftreten zu können, mußten sich die Bands registrieren und an eine staatliche Institution – wie zum Beispiel das Kulturministerium, die Gewerkschaften oder ein Industriekombinat – anbinden lassen. Damit sollte ihre Kontrolle gewährleistet sein. Gab es nach einem Konzert Beschwerden, etwa wegen vermeintlich subversiver, antisowjetischer oder nationaler Äußerungen, hatte das für die Gruppe ernste Konsequenzen. Sie konnte mit Auftrittsverbot belegt oder sogar aufgelöst werden. Geheimdienstmitarbeiter brachten derartige Beschwerden gern selbst in Umlauf. Kam es während oder nach einem Konzert zu Ausschreitungen der Zuhörer, nützte es der Gruppe nichts, beruhigend auf die erhitzten Gemüter eingewirkt zu haben; es war im allgemeinen ihr letztes Konzert. In den Liedern setzten sich die Musiker mit Problemen wie der Umweltzerstörung, dem verhaßten Krieg in Afghanistan, der Isolation des einzelnen und der Perspektivlosigkeit angesichts der sich verschlechternden Wirtschaftslage auseinander.

Die Folklore-Gruppen waren den Behörden grundsätzlich verdächtig, weil sie als Hort nationaler Ideen galten und somit ein Hindernis auf dem Weg zum „Sowjetmenschen" darstellten.

Die lettische Malerei

Vordergründig betrachtet haben die Malerei und die bildende Kunst einen geringeren Beitrag zur nationalen Emanzipation geleistet. Unter der deutschen und russischen Herrschaft sicherten sich viele Maler ihre Existenz durch Auftragsbilder für Großgrundbesitzer, Ratsherren oder sonstige Honoratioren. Das Ergebnis waren vor allem heroische Portraits oder Landschaftsbilder. Die eigenständige lettische Malerei erlebte erst im späten 19. Jahrhundert eine Blüte und ist vor allem mit den Namen Jānis Rozentāls (1866–1916) verbunden.

Andere wichtige Maler zu Beginn der eigenständigen Epoche waren Vilhelms Purvits (1872–1945) und Voldemars Matvejs (1877–1914). Letzterer griff vor allem mystische Themen auf. Darüber hinaus bestimmten eindrucksvolle Landschaftsbilder diese Zeit.

Die Unabhängigkeit wirkte sich ausgesprochen fruchtbar auf die künstlerischen Aktivitäten aus. In Riga entstand eine Kunstakademie, deren Vorläufer der bereits 1870 gegründete „Verein zur Förderung der Künste" war. Die Akademie trug maßgeblich dazu bei, daß die lettische Hauptstadt ein Zentrum der europäischen Kunst und Kultur wurde. Alle Stilrichtungen, einschließlich Expressionismus und Kubismus, waren in Riga vertreten.

Jānis Rozentāls

Lettlands bedeutendster Maler wurde am 18. März 1866 als Sohn eines Schmiedes in der Nähe des Ortes Saldus im Kreis Kuldīga geboren. Es war die Epoche der nationalen Emanzipation, in der er selbst eine wichtige Rolle spielen sollte. Während seiner Kindheit verbrachte er viel Zeit allein in der Natur, eine Erfahrung, die seine künstlerischen Werke entscheidend geprägt hat. Mit zehn Jahren wurde er in Saldus auf die Schule geschickt, mit fünfzehn ging er aus eigenem Antrieb nach Riga, weil ihm die ländliche Atmosphäre zu eng war. Schon damals zeigte er ein ausgeprägtes Interesse am Malen und Zeichnen, doch sah er zunächst keine Möglichkeit, damit seinen Lebensunterhalt zu bestreiten. Immerhin fand er Arbeit bei einem Maler, bei dem er vor allem Portraits anfertigen mußte. Zudem schloß er sich einer Theatergruppe an.

Da die Möglichkeiten zur Weiterbildung in der lettischen Hauptstadt begrenzt blieben, zog er als Zweiundzwanzigjähriger nach St. Petersburg, wo er Aufnahme in die Malereiklasse der Akademie der Künste fand. Dort erhielt er eine fundierte künstlerische Ausbildung, zunächst im klassizistischen Stil, später auch im russischen Realismus. Der Überlebenskampf blieb zwar hart, doch gelang es ihm allmählich, mit seinen Bildern Anerkennung zu finden und eine finanzielle Basis aufzubauen. Zwei Auslandsreisen nach Skandinavien sowie nach Frankreich und Deutschland, für die er ein Stipendium erhielt, erweiterten seinen Stil. Er befreite sich von den traditionellen Formen und wandte sich dem Impressionismus zu. Portraits von Menschen, aber auch Themen aus der Mythologie und der Natur haben ihn immer wieder angezogen. Rozentāls war überzeugt vom schöpferischen Genie des Menschen. Alles Negative betrachtete er als unwürdig. Die ewigen Werte wollte er in seinen Werken darstellen. Diese Neoromantik stand im Widerspruch zu den sozial orientierten Kunstrichtungen. Arnold Böcklin fühlte er sich zum Beispiel eng verbunden.

1899 beendete er das Leben in der Fremde, ließ sich zunächst in Saldus und dann in Riga nieder, wo er 1903 die finnische Konzertsängerin Elli Forsell heiratete, die eines seiner beliebtesten Motive wurde. Das Haus der beiden in Riga entwickelte sich zu einem Zentrum des künstlerischen Lebens in Lettland. Dichter, Musiker und Maler gingen dort ein und aus. Rozentāls romantische künstlerische Vorliebe hinderte ihn nicht daran, sich aktiv am politischen Leben zu beteiligen. Daneben war er auch als Kunstpädagoge, Kunsttheoretiker und Organisator des Kulturlebens tätig. Während des Ersten Weltkriegs siedelte er mit seiner Familie nach Finnland über. Bei einer Ausstellung in Moskau 1916 zog er sich eine schwere Lungenentzündung zu, an deren Spätfolgen er am 21. Dezember desselben Jahres verstarb.

1919 gründete der Choreograph Voldemars Komisars das erste Ballettensemble. Sechs Jahre später engagierte die Rigaer Oper die bekannte russische Tänzerin Aleksandra Feodorova als Chefchoreographin. Unter ihrer Leitung erlebte das Ballett eine unerreichte Blüte. Sie brachte allein 18 klassische Stücke auf die Bühne. Der Ruf dieses Ensembles erreichte bald auch Westeuropa, und so waren zahlreiche Einladungen nach Berlin, Paris, Brüssel, Venedig, Budapest, Stockholm, Helsinki und anderswo die Folge.

Neuorientierung

Mit der sowjetischen Besetzung wurde der enge Kontakt zu den Kunstmetropolen Westeuropas abgeschnitten. Zudem mußten sich auch Maler, Bildhauer und Schauspieler dem sozialistischen Realismus unterordnen, was zumeist auf Kosten der Kreativität ging.

Am Ende der Sowjetherrschaft hatte sich wieder eine eigenständige Malerei entwickelt, die wie die Popmusik auch Gesellschaftskritik zum Gegenstand hatte. Doch nicht alle Künstler hatten einen politischen Anspruch. Auch Landschaftsbilder und Themen aus den Mythen waren weit verbreitet.

Heute zeigt sich das große Potential der lettischen Malerei in den zahlreichen Galerien der größeren Städte. Die Palette reicht von modernen Darstellungsformen bis zur traditionellen Landschaftsmalerei. Junge Künstler bieten außerdem dort, wo sich bevorzugt Touristen aufhalten, Zeichnungen der beliebtesten Sehenswürdigkeiten an.

Insgesamt haben sich die Bedingungen für die Künstler seit der Unabhängigkeit verschlechtert. Der Sparkurs der Regierung traf den Kulturbetrieb besonders hart. Theater, Kunsthallen und Akademien verloren notwendige Subventionen. Diese Politik stieß nicht einmal auf ernsthaften Widerstand innerhalb der Bevölkerung, denn auch die kulturbeflissenen Menschen haben heute andere Sorgen. Private Mäzene sind ebenfalls rar, denn die Neureichen investieren ihr Geld lieber in Luxuswagen.

Dennoch ist das Erbe nicht ganz vergessen. Heute gibt es in Riga neben der Nationaloper sieben staatliche Theater. Darüber hinaus finden jährlich zahlreiche Festivals statt.

Im Zuge der Öffnung nimmt das Ausland die lettische Malerei verstärkt zur Kenntnis. 1990 zeigte die Staatliche Kunsthalle Berlin die Ausstellung „Unerwartete Begegnung. Lettische Avantgarde". Dazu hatte die „Neue Gesellschaft für bildende Künste" gemeinsam mit dem lettischen Museumsverband Werke von Künstlerinnen und Künstlern aus den Jahren 1910 bis 1935 zusammengestellt, die zuvor selbst der lettischen Öffentlichkeit kaum zugänglich waren.

Wandel und Stagnation

Zeichen des Aufbruchs

Wohl selten haben sich politische Veränderungen so rasch und so grundlegend im äußeren Erscheinungsbild eines Landes niedergeschlagen wie in Lettland nach der Unabhängigkeit. Dies gilt zumindest für die Städte. Die Zeichen des Aufbruchs sind allgegenwärtig, und auch die Stimmung der Menschen hat sich spürbar gewandelt. Bis zum Beginn der 90er Jahre konnte sich Lettland der sozialistischen Tristesse nicht entziehen. Die Häuserfassaden der alten Städte wirkten grau in grau. Sogar die großartige Jugendstil-Architektur, etwa in der Alberta iela am Rande der Altstadt von Riga, war von einem Grauschleier überzogen oder gar verfallen. Die Läden demonstrierten durch ihre Schaufensterauslagen die ganze Trostlosigkeit der Versorgung, vom Verkaufspersonal wurden die Kunden eher als Störenfriede empfangen, und die Platzreservierung in einem Restaurant glich einem Lotteriespiel, auf das die unvermeidlichen Kartoffel- und Fleischgerichte folgten.

Heute begegnet einem in den Stadtzentren die Leuchtreklame der bekannten internationalen Marken, die bisweilen schon die historischen Fassaden in den Schatten stellen. Aber auch letztere werden renoviert oder strahlen bereits wieder in altem Glanz. Die Auslagen in den Einkaufszentren müssen den Vergleich mit Westeuropa nicht scheuen, die Preise allerdings auch nicht. Egal ob es sich um Nahrungsmittel, Elektrogeräte, Textilien, Bücher und Zeitschriften oder andere Produkte handelt, motivierte Verkäuferinnen und Verkäufer geben fachkundig Auskunft und sind auch gern zu einem kleinen Plausch bereit. Ähnliches gilt für die Restaurants, die es heute in allen Preisklassen gibt und die mit teils schrillen, teils dezenten Lichtreklamen um Aufmerksamkeit werben. Vor allem in die teuren unter ihnen kommt so wenig Kundschaft, daß sich die Frage nach der Rentabilität geradezu aufdrängt. Bei manchen, so wird hinter vorgehaltener Hand gemunkelt, soll es sich eher um Geldwaschanlagen für illegale Geschäfte handeln. Insgesamt ist die Kommerzialisierung eines der offenkundigsten Phänomene im neuen, unabhängigen Lettland, auch die Menschen scheinen davon erfaßt. Offene Armut ist selten, viele fallen eher durch ihre modische, elegante Kleidung auf.

Selbst im öffentlichen Dienstleistungsbereich wie bei der Post oder am Bahnhof, beim Zoll und an den Grenzübergängen weht der neue Geist. Die Bedienung ist höflich, die Auskunft freundlich, die alte Ignoranz Vergangenheit.

Der Individualverkehr hat sichtbar zugenommen und die meisten Automarken sind vertreten. Ein Ford oder VW gehört in Riga eher zum Straßenbild als ein Wartburg oder ein alter Lada. Auch Luxuswagen sind keine Seltenheit mehr. Die Neureichen legen offenbar Wert darauf, ihren Erfolg zur Schau zu stellen.

Die ländlichen Gegenden hat der Wandel dagegen häufig noch nicht erfaßt. Drei Fahrstunden von Riga entfernt kann man auf Dörfer treffen, in denen bezahlte Arbeit selten ist. Geld fließt nur dann ins Dorf, wenn die Bewohner in der Hauptstadt oder im Ausland ihr Glück gemacht und ihre Heimat nicht vergessen haben. Ansonsten müssen die Menschen sehen, daß sie von ihren eigenen Erzeugnissen ihr Dasein fristen können.

Der Traum vom Aufstieg

Ob sich der neue Weg der wettbewerbsorientierten Wirtschaftspolitik durchsetzt, hängt in erster Linie von der Haltung der Menschen ab. Die wiederum gibt Anlaß zum Optimismus. Die meisten akzeptieren die unvermeidlichen sozialen Einschnitte, und viele sind sehr motiviert, beim Neuaufbau mitzuhelfen. Die Mentalität des „amerikanischen Traums" hat sich in Lettland ausgebreitet. Zwar gelingt es nur relativ wenigen, wirklich wohlhabend zu werden, aber viele träumen davon. Das läßt sie Entbehrungen ertragen und diszipliniert arbeiten. Während der sozialistischen Planwirtschaft war nicht einmal der Traum von Aufstieg und Wohlstand erlaubt.

Wirtschaftsexperten beziffern den Anteil einer gutsituierten und kaufkräftigen Mittelschicht auf etwa 15%. Hierbei handelt es sich zumeist um Selbständige, die mit einem guten Gespür ein lukratives Geschäft eröffnet haben. Eine ernste Bedrohung für die Eigeninitiative sind allerdings Mafiabanden. Vor allem von Laden- und Restaurantbesitzern erpressen sie erhebliche Schutzgelder. Bei Säumigkeit schrecken sie weder vor Zerstörung der Einrichtung noch Mord zurück. Die Mehrheit der Bevölkerung ist überzeugt davon, daß die Banden russischen Ursprungs sind. Der einzige Schutz dagegen sind private Sicherheitsdienste, die allerdings ähnlich teuer kommen. Die Polizei ist mit der Bekämpfung der Mafia völlig überlastet.

Ungeachtet der Härten sehnt sich zumindest unter dem lettischen Bevölkerungsteil kaum jemand nach den Zeiten zurück, in denen die Grundbedürfnisse leichter befriedigt werden konnten. Um sich davon entschieden abzugrenzen, wird heute die Eigenverantwortung betont. Erstaunlich viele Städter besitzen ein kleines Haus auf dem Land, das früher eher der Erholung diente, heute aber ein wesentlicher Bestandteil der wirtschaftlichen Selbstversorgung ist. Übersteigt die Ernte den eigenen Bedarf, wird der Überschuß auf dem Markt angeboten und die Haushaltskasse damit aufgebessert.

Viele arbeiten 50 oder 60 Stunden in der Woche. Neben der eigentlichen Betätigung werden alle denkbaren Aushilfsstellen angenommen, um das Einkommen zu erhöhen. Von Lettlands sozialistischem Erbe ist heute nicht mehr viel zu spüren. Fünfzig Jahre Sowjetherrschaft haben den Menschen diese Ideale gründlich ausgetrieben.

Hinter den Fassaden

Hinter den Fassaden vollzieht sich der Wandel bei weitem nicht so schnell. Beengte Wohnverhältnisse und eine geringe Kaufkraft angesichts der hohen Preise schränken das Leben vieler Menschen erheblich ein. Die elegante Kleidung und das optimistische Lächeln in der Öffentlichkeit stehen häufig im Gegensatz zum Mangel in den eigenen vier Wänden. Unter sowjetischer Herrschaft hatte jedes Familienmitglied fünf Quadratmeter Wohnfläche zur Verfügung. Wer diese bescheidene Norm überschritt, hatte keine Chance, auch nur auf die Liste der Wohnungssuchenden zu gelangen. Ein freier Wohnungsmarkt existierte nicht. Als Entschädigung für die Enge waren die Mieten niedrig.

Um den Immobilienbereich nicht völlig dem freiem Markt zu überlassen, verfügte die Regierung 1992 eine Preisbindung für Mieten, die bis 1999 galt. Während der Zeit konnten Privatwohnungen noch für etwa 0,30 Lats/m^2 gemietet werden. In den Neubauten, die nicht darunter fielen, waren sie teilweise schon auf 10 Lats/m^2 angestiegen. Mit der Auflösung der Preisbindung zog der gesamte Immobiliensektor erheblich an. In Riga beträgt die Miete für Privatwohnungen heute zwischen einem und 10 Lats/m^2, für gewerbliche Räume mindestens das Fünffache. Beim Erwerb von Immobilien wird in US-$ gerechnet. Die Preise für den Kauf einer Wohnung in der Altstadt liegen derzeit bei 500 US-$/m^2. Die Mehrzahl der städtischen Bevölkerung – Letten wie Russen – lebt nach wie vor in den Wohnsilos der Außenbezirke, wo Kinderspielplätze rar sind und sich das Freizeitangebot für die Jugendlichen auf ein Kino und bisweilen eine Diskothek beschränkt. Deshalb ist häufig das Fernsehen die beliebteste Art der Zerstreuung. Neben billigen Actionserien aus Asien und den USA erfreuen sich Rateshows großer Beliebtheit, immer unterbrochen von ausführlichen Werbeblocks. Die Kommerzialisierung des Fernsehens wird vor allem von ausländischen Unternehmen betrieben. Für eine einmalige Gebühr von 50 Lats gibt es einen Kabelanschluß, über den deutsche, englische und französische Sender sowie die europaweiten Musik- und Sportkanäle empfangen werden können. Die monatlichen Kosten liegen bei 10 Lats. Trotz des relativ hohen Preises ist das Kabelfernsehen weit verbreitet. Gewalt- und Actionfilme dominieren auch die Kinoprogramme.

Derartige Lebensbedingungen führen zwangsläufig zu Alkoholkonsum und Gewalt. Die Polizei reagiert hilflos darauf, so daß sich bei kleineren Delikten wie Diebstahl schon kaum mehr jemand bemüht, sie einzuschalten. Im Stadtkern wohnende Familien sind etwas besser dran. Noch immer leben in den geräumigen Altstadtwohnungen mehrere Generationen unter einem Dach. Für viele Mieter brachte die Unabhängigkeit indes ein neues Problem. Die Wohnungen in der Stadt gehörten häufig Personen, die nach der sowjetischen Besetzung das Land verließen oder umgebracht wurden. Deren Nachkommen machen nun alte Besitzansprüche geltend, die vom lettischen Staat anerkannt werden. Als Kompromiß gilt die Regel, daß die Mieter fünf Jahre Zeit haben, sich eine neue Unterkunft zu suchen. Dann steht die Wohnung den alten Eigentümern oder deren Erben zur Verfügung.

Die meisten Frauen gehen schon aus wirtschaftlichen Gründen einer beruflichen Tätigkeit nach. Dies bedeutet neben einer gewissen Unabhängigkeit auch eine zusätzliche Belastung. Der Haushalt und die Kinder warten nach Feierabend, sofern nicht Mutter oder Schwiegermutter zur Seite stehen. Lettische Männer, die Hausarbeit verrichten, sind eher die Ausnahme. (In der lettischen Küche dominieren übrigens Fisch-, Fleisch- und Kartoffelgerichte. Der skandinavische und norddeutsche Einfluß ist offenkundig.)

Ähnlich wie in Westeuropa lösen sich die Familienbande auf. Die Berufstätigkeit verschafft mancher Frau die Möglichkeit, sich aus einer schlechten Ehe zu befreien. Zwischen 1990 und 1996 verzeichnete das Land einen Bevölkerungsrückgang von 1,2%. Unmittelbar in der Umbruchsituation war er am höchsten. Inzwischen sind zumindest wieder ausgeglichene Zahlen in Sicht. 1995 betrug die Geburtenziffer 1,1 und die Sterbeziffer 1,3%.

Letten und Russen

Letten und Russen leben im Alltag weitgehend aneinander vorbei, selbst wenn sie in den Hochhaussiedlungen Tür an Tür wohnen. So kommt es kaum zu Ehen zwischen den Bevölkerungsgruppen. Knapp 90% der Einheimischen heiraten untereinander. Selbst die Propaganda vom „Sowjetmenschen" während der Herrschaft Moskaus konnte daran nicht viel ändern. Die Ursache liegt nicht nur bei den Letten und ihrer angeblichen Fremdenfeindlichkeit. Nur wenige Russen sind wirklich bereit, sich mit der lettischen Kultur zu beschäftigen. Die meisten bedienen sich in Lettland der russischen Sprache genauso selbstverständlich wie in Moskau oder St. Petersburg. Höchstens 30% beherrschten am Ende der Sowjetherrschaft die lettische Sprache. Allmählich ändert sich diese Einstellung. Mit dem wirtschaftlichen Vorteil, den sie in Lettland – unabhängig von ihrem Aufenthaltsstatus – gegenüber Rußland genießen, wächst ihre Bereitschaft, sich mehr auf die lettische Kultur einzulassen. So schicken zusehends mehr russische

Eltern ihre Kinder auf lettische Schulen. Zudem werden in den Ferien Freizeiten organisiert, in denen die Kinder nicht-lettischer Eltern ihre Sprachkenntnisse spielerisch und natürlich erlernen oder ausbauen können.

Für die Letten war es dagegen lange selbstverständlich, in der Schule von klein auf Russisch zu lernen. Mit der nationalen Emanzipationsbewegung wuchs auch dagegen der Widerstand. In Riga entstand bereits im Sommer 1990 eine spontane Elterninitiative, die Englisch- statt Russischunterricht durchsetzen wollte. Bei der Umsetzung dieses Planes mangelte es jedoch nicht zuletzt an guten Englischlehrern. Bis heute drängt es Menschen mit guten Sprachkenntnissen eher in die Niederlassungen ausländischer Firmen, wo sie ein Vielfaches vom Lehrergehalt verdienen.

Religiöse Vielfalt

Die Sowjetunion gestattete religiöse Aktivitäten nur sehr begrenzt. Die meisten Kirchen, selbst mittelalterliche Dome, wurden zu Museen oder gar Lagerhallen umfunktioniert. Öffentliche Bekenntnisse oder die Glaubensverbreitung außerhalb der verbliebenen Gotteshäuser waren untersagt. Allein Gottesdienste oder Beerdigungen waren im bescheidenen Rahmen möglich, Glockengeläut, Jugendarbeit, Religions- und Konfirmandenunterricht dagegen undenkbar. Weihnachten galt als normaler Arbeitstag.

In Lettland hatte diese Politik vor allem in den urbanen protestantischen Zentren einigen Erfolg. Die ländlichen Gegenden indes, vor allem die katholische Provinz Lettgalen, erlebten nach dem politischen Umbruch eine religiöse Renaissance. Unter den Katholiken sind die alten Traditionen noch lebendig. So findet inzwischen wieder jedes Jahr zu Maria Himmelfahrt am 15. August eine Wallfahrt von Riga nach Aglona statt, dem geistigen Zentrum der lettischen Katholiken. Über 100 000 Menschen aus ganz Nordosteuropa kommen dann dort in der Kathedrale zusammen, um die Muttergottes von Aglona anzubeten, die auf den Großfürsten von Litauen, Vytautas, zurückgehen soll. In den protestantisch-kühlen Städten ist dagegen der sonntägliche Gottesdienst für die meisten immer noch eher die Ausnahme. Allerdings scheint die Abkehr von der Kirche nicht ganz so weit verbreitet wie in Estland. Dennoch tritt hier ein Phänomen auf, das in vielen lutheranisch geprägten nordeuropäischen Ländern auch ohne staatliche Repression zu beobachten ist. Die Menschen fühlen sich von der Kirche nicht mehr angesprochen.

Neben den traditionellen Kirchen gibt es eine Vielzahl religiöser Gruppierungen. Ende 1997 waren 918 Religionsgemeinschaften registriert. Zehn lettische Staatsbürger sind nötig, um eine Religionsgemeinschaft zu gründen.

1988 durfte zum ersten Mal wieder Weihnachten nach abendländischer Tradition gefeiert werden. Büros und Schulen schlossen ihre Türen, und in den Straßen herrschte eine festliche Stimmung.

Die gesetzlichen Feiertage

Zu den Feiertagen zählen neben den wichtigsten Festen des Christentums nationale Gedenktage. Folgende Tage sind gesetzlich verankert:

1. Januar: Neujahr
Karfreitag
1. und 2. Ostertag
1. Mai: Tag der Arbeit
2. Sonntag im Mai: Muttertag
23./24. Juni: Sonnenwende, Ligo-Tag und Johannisnacht
18. November: Unabhängigkeitstag
25./26. Dezember: 1. und 2. Weihnachtstag
31. Dezember: Silvester

Dazu kommen folgende Gedenktage, die allerdings nicht als gesetzliche Feiertage gelten:

25. März: Opfer des kommunistischen Terrors (1949)
4. Mai: Wiederherstellung der Unabhängigkeit (1990)
8. Mai: Opfer des Zweiten Weltkriegs (1945)
14. Juni: Opfer des kommunistischen Terrors (1941)
4. Juli: Holocaust (1941–45)
11. November: Lāčplēsis-Tag (1919).

Der alte Geist

Kaum irgendwo hielt sich der Geist der kommunistischen Epoche so lange wie in der Armee. Während der Sowjetherrschaft war die Zeit in der Roten Armee für die jungen lettischen Männer ein Alptraum. Zweifellos ist nirgendwo auf der Welt das Militär ein Ort für Demokratie und Selbstverwirklichung – auch in der deutschen Bundeswehr liegt die Selbstmordrate deutlich über dem Landesdurchschnitt –, doch war die Rote Armee für junge Letten und andere Balten der Gipfel an unangenehmen Erfahrungen. Sie wurden bevorzugt in den zentralasiatischen Republiken eingesetzt und auf alle erdenklichen Arten schikaniert und gedemütigt. Manche überlebten die Repressalien nicht, andere setzten ihrem Leben selbst ein Ende. Noch 1989 registrierte die lettische Frauenliga 14 von der Armee nicht aufgeklärte Todesfälle unter lettischen Rekruten. Insgesamt fanden in den letzten vier Jahren der Sowjetunion knapp 20000 Männer in der Roten Armee den Tod. Der Frauenliga waren etwa 1000 Fälle lettischer Soldaten bekannt, die versucht hatten, sich dem Terror durch Fahnenflucht zu entziehen – eine zweifelhafte Lösung, denn darauf standen fünf Jahre Gefängnis, und die Möglichkeiten, in dem totalitären Staat unterzutauchen, waren gering.

Mit dem Aufbau einer eigenen lettischen Armee waren die Schikanen und Demütigungen keinesfalls vorbei. Die Offiziere und Unteroffiziere, die zur Führung der neuen Verbände herangezogen wurden, kamen alle aus der Tradition des sowjetischen Militärs, und es gelang ihnen nur langsam, sich davon zu lösen. Vor allem die neu Einberufenen haben kaum eine Chance, sich gegen die Willkür in den Kasernen zu wehren. Sie werden von älteren Soldaten und Unteroffizieren mißhandelt, geschlagen und bestohlen. Mitte der 90er Jahre wagten es Rekruten erstmals, damit an die Öffentlichkeit zu gehen. So wurden zum Beispiel solch extreme Fälle bekannt wie der eines Feldwebels, der angeblich einem kranken Soldaten den Kiefer brach, weil dieser sein Bett nicht verlassen konnte. Häufig spielt bei der Gewaltanwendung auch der weitverbreitete Alkoholmißbrauch eine Rolle. Die Gründerin der lettischen Frauenliga, Anita Stankēviča, resümierte 1994 treffend: „Die Probleme sind heute noch dieselben wie zur sowjetischen Zeit, denn die Offiziere sind noch immer dieselben.

Als die lettische Armee neu aufgebaut worden war, hätten andere Leute die wichtigen Positionen besetzen müssen."

In der Zwischenzeit haben die Politiker das Problem erkannt, und die Situation hat sich ein wenig entspannt, auch wenn von innerer Führung der lettischen Streitkräfte allenfalls in Ansätzen die Rede sein kann. Lettland unterhält die größte Armee und den höchsten Wehretat der baltischen Staaten. Die Streitkräfte umfassen 8000 Soldaten, fast so viel wie die von Estland und Litauen zusammen. 3500 sind Rekruten, die 18 Monate dienen müssen; alle sechs Monate werden neue eingezogen.

Populäre Sportstars

Sport erfreut sich in Lettland großer Beliebtheit, doch beherrscht nicht der Fußball die Szene. Die Fußballmannschaften in den großen Städten werden überwiegend von Russen gebildet. Basketball ist die populärste einheimische Sportart, und darin hat Lettland eine lange Tradition. Die Hoffnungen, daran wieder anzuknüpfen, haben sich allerdings bis jetzt noch nicht erfüllt. 1935 hatte die lettische Mannschaft den Titel eines Basketball-Europameisters gewonnen, der damals zum ersten Mal ausgespielt wurde. Vier Jahre später erkämpfte das Team den höchsten Sieg, der jemals bei einer Europameisterschaft errungen wurde. Es schlug Finnland mit 108:7. Nach der Besetzung waren lettische Spieler eine wichtige Stütze der erfolgreichen sowjetischen Nationalmannschaft. Selbst überzeugte baltische Nationalisten beschlich ein vertrautes „Wir-Gefühl", wenn die sowjetische Basketball-Mannschaft in Aktion trat. Darauf angesprochen, erklärten sie schmunzelnd, das Team bestünde ja großenteils aus Balten.

Während Litauen an die alte Tradition anknüpfen konnte und heute im Basketball wieder eine feste Größe ist, läuft Lettland den alten Erfolgen hinterher. Bei der ersten Europameisterschaft nach der Wiedererlangung der Unabhängigkeit stellten die Veranstalter sogar Schuhe und passende Trikots zu Verfügung, weil in Riga dafür das Geld fehlte. Die besten Spieler zieht es denn auch ins Ausland. Dasselbe gilt für Eishockey, die populärste Wintersportart. In der berühmten amerikanischen Eishockeyliga NHL sind lettische Spieler begehrt.

Internationale Beachtung finden auch immer wieder Tennis- und Radprofis. Die Tennisspielerin Larissa Neiland gewann als Doppelspezialistin nahezu alle wichtigen Turniere der Welt. Der erfolgreichste „lettische" Radsportler ist allerdings ein Russe, Pjotr Ugromow, in den 90er Jahren der größte Konkurrent des überragenden Basken Miguel Indurain. Bei der Einbürgerung berühmter Sportler tut sich der Staat übrigens nicht so schwer.

Während der gesamten Zeit sowjetischer Herrschaft führte die sportbegeisterte Nation ihren eigenen Medaillenspiegel. In Riga und anderswo war sehr wohl bekannt, wer von den Sowjets Lette war, und ihnen wurden die Daumen gedrückt, auch wenn sie ihre Erfolge unter der verhaßten roten Fahne erzielen mußten. Einen der populärsten kennt man auch hierzulande recht gut: Jānis Lusis, Olympiasieger im Speerwurf 1968 und vier Jahre später in München von dem Deutschen Klaus Wolfermann in einem denkwürdigen Finale knapp besiegt.

Am 27. August 1991 wurde Lettland wieder in das Internationale Olympische Komitee aufgenommen. Somit starteten 1992 in Albertville und Barcelona erstmals wieder lettische Mannschaften bei den Olympischen Spielen. Die großen Erfolge blieben allerdings noch aus. Bei den letzten Sommerspielen 1996 in Atlanta reichte es zu einer Silbermedaille für den Kanadier-Fahrer I. Klementew. Vier Jahre zuvor in Barcelona errang das Land zwei Silber- und eine Bronzemedaille. Der erste lettische Olympiasieger der neuen Zeit wartet also noch auf seine Krönung.

Der Breitensport, der nicht nach Höchstleistungen strebt, bleibt eher auf der Strecke. Die Legionen von Dauerläufern, die bundesdeutsche Parks bevölkern, sind in Lettland ein kaum bekanntes Phänomen.

Lettland für Touristen

Die politische Öffnung des Landes bedeutete auch eine Öffnung für den Tourismus. Der lettische Staat ist sehr interessiert an Besuchern aus dem Westen; nicht nur weil sie Devisen bringen, sondern weil dadurch von dem häufig erwähnten gemeinsamen kulturellen Erbe Zeugnis abgelegt werden kann. Zunächst haben sich vor allem Menschen mit deutschbaltischer Abstammung aufgemacht, die Spuren ihrer Geschichte zu erforschen. Inzwischen ist aber zumindest der Großraum Riga zu einem beliebten Reiseziel geworden, das Touristen aus aller Welt anzieht, wie die sprachliche Vielfalt der Reisegruppen beweist. Doch auch über Riga hinaus warten in anderen Landesteilen Naturschönheiten und Zeugnisse einer wechselvollen Geschichte auf ihre Entdeckung.

Reiseziele auf eigene Faust

Die Hauptstadt Riga reizt mit ihrer mittelalterlichen Atmosphäre und einer modernen touristischen Infrastruktur. Am Norduferder Daugava zwischen Dom, Petri-Kirche und Schloß haben alte Häuser, Türme, Kirchen und Torbögen die Jahrhunderte weitgehend unbeschadet überstanden. Manche Inschriften verraten die lange deutsche Dominanz in der Stadt. Jedes dritte Haus im Stadtkern ist im Jugendstil erbaut, der Anfang des 20. Jahrhunderts seinen Höhepunkt erreicht hatte. In keiner anderen Stadt der Welt ist der Jugendstil so dominant. Den besten Eindruck davon erhält man in der Alberta iela.

Wer das Zentrum auf eigene Faust erkunden will, erhält im Fremdenverkehrsbüro nahe dem Freiheitsdenkmal oder in einem der zahlreichen Buchläden dafür entsprechende Prospekte und Routenvorschläge. Das überschaubare Areal lädt geradezu ein, zu Fuß in die Geschichte einzutauchen. Vieles hat sich auch deshalb erhalten, weil es früher keinen freien Wohnungsmarkt gab, der Immobilienspekulationen mit lukrativen Abrissen ganzer Straßenzüge zugelassen hätte. Auf großen Plätzen sorgen bisweilen Straßenmusiker für gute Stimmung. Wer müde vom Laufen ist, findet leicht ein schönes Café, um auszuruhen und die Eindrücke auf sich wirken zu lassen. Für die 800-Jahr-Feier 2001 wird viel renoviert und auch wiederaufgebaut. Das berühmte Schwarzhäupterhaus konnte bereits 1999 wiederhergestellt werden.

Riga ist aber auch eine grüne Stadt. Gärten und Parks nehmen 19 % des Territoriums ein, Binnengewässer 16 %. Neben der Daugava ist der Kisezers (Kaiserwald)-See im Norden der größte. Einen Eindruck vom ländlichen Leben vergangener Jahrhunderte vermittelt das im Norden der Stadt liegende lettische Freilichtmuseum. Es kann mit Straßenbahn und Bus leicht erreicht werden.

Touristengag auf lettisch. Am Strand von Jūrmala kann man sich mit einer Pappfigur von Michael Gorbatschow fotografieren lassen –
Foto: Chr. Prager

Entlang der Daugava-Mündung, etwa 15 km von Riga entfernt, erstreckt sich der Kurort Jūrmala. Hotels, Pensionen, Sanatorien und Campingplätze zeugen von seiner Popularität. Ausgedehnte Kiefernwälder, Sandstrände, Mineralquellen und Schlammbäder haben ihn berühmt gemacht. Inzwischen zählt dazu auch ein breites Kulturprogramm mit Konzerten, Galerien und Festivals.

Das beliebteste Reiseziel außerhalb Rigas ist Sigulda, das Tor zur lettischen Schweiz. Der Ort selbst liegt idyllisch an den Ufern der Gauja und ist der Ausgangspunkt für den gleichnamigen Nationalpark. Am 14. September 1973 stellten die sowjetischen Behörden das Gebiet unter Naturschutz. Das landschaftliche Profil dieses einzigartigen Territoriums entstand durch die Gauja und ihre Nebenflüsse, die in dem Devongestein bis 85 m tiefe Täler mit einzigartigen Reliefs schufen. Sandsteinfelsen, Höhlen, Grotten und Wasserfälle säumen den Weg der Flüsse, Mischwälder bedecken die Täler, besonders eindrucksvoll sind alte Eichenalleen. Innerhalb des Nationalparks gibt es vier Reservate oder Schutzgebiete, in denen jede Form der Bewirtschaftung verboten ist. Beim Straßenbau wurde auf die Flußläufe Rücksicht genommen. So konnte sich eine reichhaltige Pflanzen- und Tierwelt erhalten. Blumen, die in den meisten europäischen Staaten ausgestorben sind, können im Gauja-Nationalpark noch bewundert werden. Darüber hinaus enthält das Gebiet auch Zeugnisse der menschlichen Kultur. Alte Burgen, Schlösser und Städte laden zu einer Reise in eine andere Zeit ein. Zu wehmütigen Gedanken verleitet das Grab einer jungen Frau, Maija, der „Rose von Turaida", die sich 1620 lieber köpfen ließ, als ihrem Geliebten untreu zu werden. Die meisten Ziele sind durch ein ausgedehntes Netz von Wanderwegen auf eigene Faust zu entdecken. Auch Freunde des Wassersports oder Angler kommen auf ihre Kosten. In dem Nationalpark liegt auch Cēsis, wo Deutschland 1919 seine letzten Hoffnungen auf die Herrschaft über das Baltikum begraben mußte. Zur kalten Jahreszeit ist Sigulda das Zentrum des Wintersports. Die Stadt ist übrigens nur 53 km von Riga entfernt und kann auch Ziel eines Tagesausflugs sein.

Weitaus weniger bekannt, aber nicht weniger schön ist das Teici-Naturreservat im Osten des Landes, etwa drei Stunden von Riga entfernt. Da es sich überwiegend um eine arme Sumpf- und Moorlandschaft handelt, ist das Gebiet dünn besiedelt. Es wirkt über weite Strecken wie eine unberührte Wildnis. Kiefern- und Fichtenwälder sowie Seen lassen an Finnland denken. Die Unzugänglichkeit hat die Teici-Region zu einem Rückzugsgebiet für Verfolgte und Ausgestoßene gemacht. Heute profitiert vor allem die Tierwelt davon. Luchse, Wölfe, Elche, Wildschweine und Rehe, Fisch-, See- und Schreiadler, Schwäne, Auerhähne sowie die größte Population von Kranichen im gesamten Baltikum haben dort ihren Schutzraum. Ausgangspunkt für einen Besuch im Teici-Naturreservat ist der kleine Ort Laudona. Andere Naturschutzgebiete sind Slitere und Salacgrīva an der Ostsee. Slitere liegt im Westen, Salacgrīva im Norden des Landes.

Darüber hinaus gibt es überall im Lettland die Möglichkeit zum Jagen, Fischen, Wandern oder Radfahren in einer recht unberührten Natur. Wer lieber die Geschichte als die Natur atmen will, kann die alten Hansestädte Koknese, Kuldīga, Valmiera und Ventspils ansteuern. Alle Ziele können inzwischen auf eigene Faust mit Bussen, Bahnen oder dem Privat-PKW erreicht werden.

Das an den hügeligen Ufern des Flusses Gauja gelegene, malerische Sigulda mit der Burg Turaida gehört zu einem Nationalpark und gilt als Tor zur „lettischen Schweiz"

Der Weg ins Land

Die schnellste Art nach Lettland zu gelangen, ist die Flugverbindung. Ab ca. DM 600,– werden Riga und andere baltische Großstädte von deutschen Flughäfen aus angesteuert. Die günstigsten Verbindungen bestehen ab Frankfurt und Hamburg. Die Angebote variieren je nach Jahreszeit und müssen aktuell in einem Reisebüro erfragt werden.

Wer sich das Land langsamer erschließen will, kann Schiff, Zug, Bus oder Auto wählen. Schiffsverbindungen bestehen zwischen Travemünde oder Kiel und baltischen Hafenstädten, teilweise mit Aufenthalt in Danzig. Zudem gibt es die Möglichkeit, mit dem Schiff über Stockholm anzureisen. Für die Anreise mit der Bahn gibt es zwei Routen. Die einfachere führt über die litauische Hauptstadt Vilnius. Sie kostet im Schlafwagen etwa DM 200,–. Es ist die alte Verbindung nach St. Petersburg, die aber heute ein unangenehmes Hindernis bereithält, die zweistündige Strecke durch Weißrußland, wo der sowjetische Geist in allen gesellschaftlichen Bereichen noch lebendig ist. Beim Versuch, das unverzichtbare Transitvisum für den kurzen Streckenabschnitt in der weißrussischen Botschaft zu erhalten, werden Erinnerungen an die gar nicht so guten alten Zeiten wach. Die Prozedur beinhaltet lange, willkürliche Wartezeiten – selbst wenn offenkundig kein Betrieb herrscht – mürrische Gesichter und äußerste Sensibilität dafür, leichte Anzeichen von Ungeduld beim Bittsteller sofort zu bemerken, um dann mit der Bemerkung zu kontern, man erhalte den Paß gern auch umgehend, aber ohne Visum, zurück. Entschädigt wird man dafür mit einer schönen Strecke und dem beruhigenden Gefühl, 21 Stunden nach der Abreise in Berlin-Lichtenberg die litauische Hauptstadt Vilnius ohne weitere Umstände erreicht zu haben. Wer statt der Willkür der weißrussischen Botschaft lieber ein zweimaliges Umsteigen in Polen in Kauf nimmt und auf einen Stop in Vilnius verzichtet, gelangt über Warschau (Wschodnia) und Szestokai direkt nach Riga.

Schließlich gibt es seit einigen Jahren eine Busverbindung ins Baltikum. Von Kiel bzw. Hamburg, Köln oder München aus fährt zumeist einmal in der Woche ein bequemer Bus über Berlin und Warschau bis Riga. Die Tour verlangt dennoch viel Disziplin und wird überwiegend von jungen Reisenden in Anspruch genommen, weil sie sehr preisgünstig ist.

Bei der Anreise mit dem Privat-PKW müssen lange Wartezeiten an der polnisch-litauischen Grenze einkalkuliert werden. Zudem erwartet den auf diese Art Reisenden eine zusätzliche Gefahr. Autos mit west- oder nordeuropäischen Kennzeichen sind selbst auf überwachten Parkplätzen gern Zielscheibe von Diebstählen. Deshalb sieht man auch nicht viele von ihnen in Lettland.

Vertraute Kultur

Am 18. Februar 1999 einigte sich Deutschland mit allen baltischen Staaten darauf, die Visumspflicht abzuschaffen. Die Regelung gilt seit dem 1. März 1999. Somit verlangt die Reise nach Lettland keine langfristige Planung mehr. Die Unterkünfte können im Land direkt bei den Fremdenverkehrsämtern gebucht werden, allerdings fehlen vielerorts noch Mittelklassehotels. Die ehemaligen Intourist-Hotels befinden sich heute in der Hand von internationalen Ketten. Bei Service und Preisen haben sie einen entsprechenden Standard. Sie werden deshalb überwiegend von Geschäftsleuten angesteuert. Für alle, die nicht so viel Geld ausgeben können, stehen in manchen Gegenden einfache Familienunterkünfte nach dem englischem „Bed and Breakfast"-Modell zur Verfügung. Sie beginnen etwa bei DM 30,- pro Nacht und müssen ebenfalls vor Ort bei den Fremdenverkehrsämtern erfragt werden.

Die einfachste, aber recht teure Art ist die organisierte Gruppenreise, die einem alle Formalitäten abnimmt. Einige der großen Veranstalter haben Lettland in ihrem Programm. Spezialveranstalter bieten auch ausgefallenere Ziele mit fachkundiger Reisebegleitung an; häufig handelt es sich hierbei um Nachkommen von Baltendeutschen.

Ein Kulturschock ist bei einer Reise nach Lettland nicht zu erwarten. Dafür fühlen sich die Menschen selbst zu sehr mit der europäischen Kultur verbunden. So gibt es auch keine besonderen Tabus oder Verhaltensregeln für den Alltag. Allerdings erfreut sich die russische Sprache nach den Erfahrungen der letzten Jahrzehnte keiner besonderen Beliebtheit. Wer sie als Kommunikationsmedium benutzt, riskiert, sich eine Abfuhr einzuhandeln. Ältere Menschen sprechen bisweilen noch deutsch, bei den Jüngeren dominiert Englisch. Das Sprachniveau ist erstaunlich hoch, wenn man bedenkt, daß noch bis vor kurzem niemand die Möglichkeit hatte, zum Studium ins englischsprachige Ausland zu gehen. Ein Tabu sollte es jedoch sein, den eigenen Reichtum und die wirtschaftliche Überlegenheit zur Schau zu stellen. Das besorgen ohnehin die wenig beliebten Neureichen. Auch darf nicht vergessen werden, daß Deutsche nicht nur zur Emanzipation der lettischen Bevölkerung beigetragen haben. Zum gemeinsamen Erbe zählt ebenso die jahrhundertelange Unterdrückung durch deutsche Gutsherren sowie der unselige Hitler-Stalin-Pakt. Wenn dies Anlaß zur Bescheidenheit ist, wird der Aufenthalt in Lettland gewiß zu einem unvergeßlichen Erlebnis.

*Schöne Schnitzereien an den Fenstern der Wohnhäuser
zeugen von Reichtum und der Tradition lettgallischen Handwerks*

ANHANG

Lettland auf einen Blick

Staatsname: Latvijas Republika (Republik Lettland)
Staatsflagge: rot-weiß-rot waagerecht
Staatswappen: Zwei mythische Löwen, einer mit Flügeln, unter einer aufgehenden Sonne; darüber drei Sterne
Staatsfläche: 64 589 km^2 (früher 65 790 km^2)
Einwohner: 2 458 400 (1997) = 39 pro km^2, davon 1,77 Mio. Staatsbürger
Minderheiten: 30,4% Russen, 4,3% Weißrussen, 2,8% Ukrainer, 2,6% Polen
Städte über 50 000 Einwohner: Riga (806 000), Daugavpils (117 000), Liepāja (96 000), Jelgava (71 000), Jūrmala (59 000), Ventspils (50 000)
Städtische Bevölkerung: 73%
Verwaltung: 26 Distrikte und 7 kreisfreie Städte
Religion: 55% Lutheraner, 24% Katholiken, 9% Russisch-Orthodoxe
Währung: 1 Lats = 100 Santims. 1 DM = 0,331 Lats. Inflation (1998) 4%
Bruttosozialprodukt je Einwohner: 2292 US $ (1996)

Zeittafel

12000 v. Chr.	Älteste Spuren altsteinzeitlicher Besiedlung
2000 v. Chr.	Einwanderung der Ur-Balten; Entwicklung des Ackerbaus, Verbreitung der Schnurband-Keramik
ab 700 v. Chr.	Reger Handelskontakt mit der keltischen Hallstatt-Kultur
Zeitenwende	Handel mit dem Römerreich, vor allem Bernstein
ab 500	Erste Kontakte mit skandinavischen und ostslawischen Völkern
1180	Beseglung der baltischen Ostseeküste durch deutsche Händler und Missionare
1201	Gründung Rigas durch Bischof Albert von Buxhoeveden
1282	Beitritt Rigas zur Hanse
1522	Beginn der Reformation in Lettland; Veröffentlichung erster Schriften in einheimischer Sprache
1558–1582	Livländischer Krieg mit schweren Verwüstungen; Sieg der Schweden über die Russen
1562	Ende des deutschen Ordensstaates und der Hanse
1561–1795	Herzogtum Kurland
1700–1721	Großer Nordischer Krieg; Beginn der russischen Herrschaft
1817	Abschaffung der Leibeigenschaft
ab 1850	Jungletten und lettische Aufklärung
1873	Erstes Sängerfest in Riga
1905, 9. Jan.	Russische Revolution, Aufstände in Lettland
13. Jan.	Massaker an Demonstranten in Riga
1914–1917	Erster Weltkrieg, Frontverlauf entlang der Daugava
1917, Feb.	Sturz des Zaren
Nov.	„Oktoberrevolution"; Machtergreifung der Bolschewisten
1918, Nov.	Proklamation der Unabhängigkeit
Dez.	Bolschewistischer Angriff auf Lettland mit Unterstützung der lettischen Schützen
1919, Juni	Sieg eines lettisch-estnischen Heeres über deutsche Armee bei Cēsis
Sept.	Gründung der Universität Riga
1920	Friedensvertrag mit der Sowjetunion; Anerkennung der Unabhängigkeit
1934	Verhängung des Kriegsrechts durch Präsident Ulmanis
1939	Hitler-Stalin-Pakt: Lettland wird zur sowjetischen Interessenzone erklärt; Aussiedlung der Deutschen

Anhang

1940		Besetzung Lettlands durch die Rote Armee
1941,	14. Juni	Erste Massendeportation nach Sibirien
	29. Juni	Besetzung Rigas durch die deutsche Armee; Errichtung eines jüdischen Ghettos und zweier Vernichtungslager
1944		Rückeroberung Rigas durch die Rote Armee; Massendeportationen nach Sibirien
1945–1955		Partisanenwiderstand gegen die sowjetische Annexion
bis 1985		Sozialistische Umgestaltung der Gesellschaft; Russifizierung; Fluchtbewegung von 150 000 Menschen ins Ausland
1986		Gründung der Dissidentengruppe Helsinki 86 in Liepāja
1987		Besuch Gorbatschows in Riga; Absage an „nationalistische Bestrebungen"; wachsende Protestbewegung
1988		Gründung der Volksfront Tautas Fronte; Bruch des Machtmonopols der KP
1989,	März	Wahlen zum Volksdeputiertenkongreß; Mehrheit für Kandidaten der Volksfront
	Aug.	„Baltischer Weg": Menschenkette von Tallinn über Riga bis Vilnius
1990,	Feb.	Wahlen zum Obersten Rat; Sieg der Volksfront-Kandidaten
	Mai	Erklärung zur Wiederherstellung der Unabhängigkeit
1991,	Jan.	Sturm von Sondereinheiten auf das Innenministerium
	März	Referendum über Unabhängigkeit mit 73,6% Ja-Stimmen
	Juni	Anerkennung der Unabhängigkeit durch Boris Jelzin
	19. Aug.	Putsch in Moskau; Belagerungszustand im Baltikum
	21. Aug.	Niederschlagung des Putsches; Verbot der KP
	25. Aug.	Offizielle Anerkennung durch Island; Rest der Staatengemeinschaft folgt
	5./6. Sept.	Anerkennung der Unabhängigkeit durch Präsident Gorbatschow und den Volksdeputiertenkongreß
	17. Sept.	Aufnahme in die UNO
1992		Einführung einer eigenen Währung, des lettischen Rubel, ein Jahr später des Lat
1993,	Juni	Erste Parlamentswahlen nach eigenem Wahlrecht
	Juli	Wahl von Guntis Ulmanis zum Staatspräsidenten
1994		Abzug der letzten sowjetischen Truppen
1995		Aufnahme in den Europarat
1997		NATO-Gipfel lehnt Beitrittsverhandlungen mit Lettland ab
1998,	Jan.	Ostseegipfel in Riga

Okt.	Volksabstimmung über ein liberales Einbürgerungsgesetz mit 53% Zustimmung
1999, April	Abschaffung der Todesstrafe durch das Parlament
17. Juni	Wahl der Exillettin Vaira Vīķe-Freiberga zur neuen Staatspräsidentin
6. Juli	Regierungskrise nach Rücktritt von Ministerpräsident Kristopans

Nützliche Adressen

Botschaft der Republik Lettland
Adenauerallee 110
53113 Bonn
Tel. 02 28/26 42 42, Fax 26 58 40

Botschaft der Bundesrepublik Deutschland in Lettland
Basteja 14
LV – Riga
Tel. 003 71/7/22 90 96

Botschaft der Republik Lettland in Österreich
Währingerstr. 3
A- 1090 Wien
Tel. 01/4 03 31 12, Fax 4 03 31 12/27

Lettisches Tourismusbüro
Brivibas iela 58
LV – 1743 Riga
Tel. 003 71/7/22 99 45, Fax 21 71 80

Ministerium für Kultur
K. Valdemara iela 11a
LV – 1364 Riga
Tel. 007 31/7/22 47 72, Fax 22 79 16

Statistisches Zentralamt der Republik Lettland
Lāčplēsis iela 1
LV – 1301 Riga
Tel. 003 71/7 36 68 01, Fax 7 83 01 37

Publikationen und Informationen

Baltica. Vierteljahreszeitschrift
für baltische Kultur
Postfach 53 04 32
22534 Hamburg

Herder Institut
Gisonenweg 5–7
35037 Marburg

Haus Annaberg/Baltischer Christlicher Studentenbund
Annaberger Str. 400
53175 Bonn
(Bietet u.a. Sprachkurse)

Carl Schirren Gesellschaft
Am Berge 35
21335 Lüneburg

Pro Baltica Forum
Brodschrangen 4
20457 Hamburg

Baltische Gesellschaft in Deutschland
Titurelstr. 9/VI
81925 München

Deutsch-Baltische Landsmannschaft
Herdstr. 79
64285 Darmstadt

Mare Balticum (Versandbuchhandlung)
Huhnsgasse 39–41
50676 Köln

Lettland im Internet

Pro baltica: http://www.probaltica.de
Mare Balticum Buchversand, e-mail: helker.pflug@netport.de
http://www.president.lv/ – Staatspräsident
http://www.saeima.lv/ – Parlament
http://www.mk.gov.lv/ – Regierung
http://www.mfa.gov.lv/ – Außenministerium
http://www.fm.gov.lv/ – Finanzministerium
http://vip.latnet.lv/culture/ – Kulturministerium
http://www.varam.gov.lv/ – Umwelt- und Entwicklungsministerium
http://www.bank.lv/indexl.html – Zentralbank
http://www.lib.lv/ – Investmentbank
http://sun.lcc.org.lv/ – Industrie- und Handelskammer
http://www.csb.lv/ – Statistisches Bundesamt
http://www.latnet.lv/ – wichtigster Anbieter für online-Informationen
http://www.zl.lv/newl/home-lat.htm – Branchenverzeichnis in Lettisch, Deutsch, Englisch und Russisch
http://www.search.lv/ – Suchmaschine für online-Anbieter
http://latvija.com/ – Informationskatalog für online-news
http://www.rfb.lv/ – Börse in Riga
http://bnsnews.bns.lv/ – Baltische Nachrichtenagentur
http://www.leta.lv/english2/products/ – LETA Presseagentur
http://www.saeima.lanet.lv/baltasam/ – Baltische Versammlung
http://www.balticsww.com/ – The Baltic Worldwide, Nachrichten, Wirtschaft, Reise
http://www.riga.lv/ – Riga im Netz – Nachrichten, Wirtschaft, Tourismus, Ereignisse
http://www.lvnet.lv/baltictimes – The Baltic Times, Wochenzeitung

Literaturhinweise

Anmerkung: Die folgende Literaturliste beschränkt sich auf Sach- und Reisebücher. Über die belletristischen Werke lettischer Autorinnen und Autoren kann jede gute Buchhandlung Auskunft erteilen, da einige bereits in großen Verlagen erschienen sind. Speziell sei auf die Publikationen des dipa-Verlages in Frankfurt hingewiesen, der es sich wie kaum ein anderer zur Aufgabe gemacht hat, baltische Literatur im deutschsprachigen Raum bekannt zu machen. Die Versandbuchhandlung Mare Balticum in Köln gibt regelmäßig kommentierte Literaturlisten heraus.

Reiseführer

Baedeker: Allianz Reiseführer Baltikum. Ostfildern 1994.
  Der Band enthält die zu erwartende Fülle an Informationen, aber sehr lesefreundlich, gerade als Reisegepäck, ist er nicht.
Butenschön, Marianna: Baltikum: Estland, Lettland, Litauen. Esslingen 1993.
  Der Marco Polo Reiseführer nach der standardisierten Struktur ist ideal für Einsteiger. Trotz der Kürze wird alles Wichtige erwähnt.
Euro-Reiseatlas: Baltische Staaten. Estland, Lettland, Litauen. Berlin o.J.
  Ein sehr praktischer Führer für alle, die das Baltikum auf eigene Faust mit dem Auto erkunden wollen. Zahlreiche Planungskarten, Straßen- und Ortsnamenverzeichnisse helfen dabei.
Fülberth, Andreas: Lettland, Riga – Ein illustriertes Reisehandbuch. Bremen 1994.
  Mit zahlreichen Informationen und nützlichen Reisetips auch aus abgelegenen Gebieten. Befremdlich ist jedoch die Art, wie im historischen Teil die Beteiligung der Letten am Holocaust verharmlost wird.
Gerberding, Eva u.a.: Baltikum: Litauen, Lettland, Estland. Köln 1995.
  Ein DuMont Reiseführer mit den gewohnt fundierten und detaillierten Hintergrundinformationen sowie Reisetips.
Köhne, Gunnar: Baltische Länder. Reinbek 1993.
  Erschienen in der Reihe „Anders Reisen" von Rowohlt mit vielen Informationen, die über die bloße Reiseplanung hinausgehen. Klarer Aufbau.
Maunder, Hilde: Baltische Staaten. Köln 1993.
  In der Reihe „Preiswert Reisen" hält der Band, was er verspricht.
Mehling, Marianne: Estland, Lettland, Litauen. München 1993.
  Obwohl nach der Unabhängigkeit als Knaurs Kulturführer erschienen, spiegelt der Band den Geist der sowjetrussischen Dominanz wider.
Striegler, Evelin: Baltikum. München 1996.
  Erschienen als Merian-Reiseführer mit knappen, präzisen Informationen zu den wichtigsten Fakten und Orten. Gut für Einsteiger.

Lettland

Biezais, Haralds: Die himmlische Götterfamilie der alten Letten. Uppsala 1972.
Bolz, Klaus/Polkowski, Andreas: Lettland. Regulierung und Deregulierung im Transformationsprozess, Hamburg (HWWA-Institut) 1996.
Dreifelds, Juris: Latvia in Transition. New York 1996.
Drizulis, A. / Krastins, J. (Hg.): Die Roten Lettischen Schützen. Ost-Berlin 1985.
Goral, Arie: Vernichtung Ghetto Riga. Hamburg 1980 (Selbstverlag).
Gurwitz, Percy: Zähl nicht nur, was bitter war. Eine baltische Chronik von Juden und Deutschen. Berlin 1991.
Investitionsführer Lettland. Frankfurt 1995.
Kochanowski, Vanya: Some Notes on the Gypsies of Latvija. Edinburgh 1946.
Levits, Egil: Lettland unter sowjetischer Herrschaft. Köln 1989.
Meissner, Boris u.a. (Hg.): Die deutsche Volksgruppe in Lettland. Hamburg 2000.
Mrozek, Gisbert/Reiter, Jürgen: Riga. Stadt an der Daugava. Bremen 1989.
Neue Gesellschaft für bildende Kunst (Hg.): Unerwartete Begegnung. Lettische Avantgarde, Ausstellungskatalog. Köln 1990.
Press, Bernhard: Judenmord in Lettland 1941–1945. Berlin 1992.
Sherman, Hilde: Zwischen Tag und Dunkel. Mädchenjahre im Ghetto. Frankfurt/M. 1984.
Vestermanis, Margers: Juden in Riga. Bremen 1995.
Wuss-Mundeciema, Leonija/Mahrt, Paul: Lettland. Würzburg 1992.

Baltikum allgemein

Auslandsgesellschaft NRW: Die baltischen Länder, Nachbarn in Europa. Dortmund 1995.
Baltica, Vierteljahreszeitschrift für baltische Kultur, hg. von Horst Freitag. Hamburg.
Böckler, Erich (Hg): Beiträge zur Geschichte der baltischen Kunst. Gießen 1988.
Butenschön, Marianna: Estland, Lettland, Litauen. Das Baltikum auf dem langen Weg in die Freiheit. München 1992.
Carl-Schirren-Gesellschaft (Hg.): Jahrbuch des baltischen Deutschtums. München.
Dohrn, Verena: Baltische Reise. Vielvölkerlandschaft im alten Europa. Frankfurt/M. 1994.
Du-Heft: Die Ostsee. Neue Nachbarschaft im Mare Balticum. Zürich, Heft 7, 1996.
Gimbutas, Marija: Die Balten. Urgeschichte eines Volkes im Ostseeraum. Berlin 1991.
Grave, Horst: Konfession und Nationalität. Ein Beitrag zum Verhältnis von Kirche und Gesellschaft in Livland im 19. Jahrhundert. Marburg 1978.

Graw, Ansgar: Der Freiheitskampf im Baltikum. Erlangen 1991.
Haltenberg, M.: Die baltischen Länder. Leipzig/Wien 1929.
Handbuch Baltikum-Kontakte. Osnabrück 1997.
Heinrich Böll Stiftung & Baltischer Christlicher Studentenbund (Hg.): Die baltischen Staaten. Köln 1995.
Heinrich von Lettland: Livländische Chronik, neu übersetzt von Albert Bauer. Würzburg 1959.
Helm, Jürgen v.: Die Umsiedlung der baltischen Deutschen – das letzte Kapitel der deutsch-baltischen Geschichte. Marburg 1982.
Katz, Josef: Erinnerungen eines Überlebenden. Kiel 1988.
Kibelka, Ruth (Hg.): Auch wir sind Europa. Berlin 1991.
Koschel, Ansgar/Pflug, Helker (Hg.): Die vergessenen Juden in den baltischen Staaten. Köln 1998.
Layda, Siegfried/Löb, Günter: Der baltische Weg. Dortmund 1995.
Loeber, Dietrich-Andre: Diktierte Option. Die Umsiedlung der Deutschbalten aus Estland und Lettland 1939–41. Neumünster 1972.
ders.: Die Forderung nach Souveränität in den drei baltischen Staaten. Hamburg 1988.
Ludwig, Klemens: Das Baltikum. Eine Länderkunde. München 1991.
Meissner, Boris: Die Sowjetunion, die baltischen Staaten und das Völkerrecht. Köln 1956.
ders. (Hg.): Die baltischen Nationen. Köln 1990.
ders. u. a. (Hg.): Die Außenpolitik der baltischen Staaten und die internationalen Beziehungen im Ostseeraum. Hamburg 1994.
Mühlen, Heinz von zur: Die baltischen Lande von der Aufsegelung bis zur Umsiedlung. Bonn 1987.
Mühlen, Patrik von zur: Baltische Geschichte in Geschichten. Köln 1994.
Neidhart, Christoph: Nach dem Kollaps. Die ehemaligen Sowjetrepubliken. Zürich 1993.
Nielsen-Stokkeby, Bernd: Baltische Erinnerungen. Bergisch Gladbach 1990.
Pelc, Ortwin/Pickhan, Gertrud: Zwischen Lübeck und Novgorod. Wirtschaft, Politik und Kultur im Ostseeraum vom frühen Mittelalter bis ins 20. Jahrhundert. Lüneburg 1996.
Pistohlkors, Gert von: Ritterschaftliche Reformpolitik zwischen Russifizierung und Revolution. Göttingen.
ders. u. a. (Hg.): Bevölkerungsverschiebung und sozialer Wandel in den baltischen Provinzen Rußlands. Lüneburg 1995.
ders.: Vom Geist der Autonomie. Aufsätze zur baltischen Geschichte. Köln 1995.
Rauch, Georg v.: Die baltischen Staaten. Stuttgart 1970 (Neuauflage 1990).
Schlau, Wilfried (Hg.): Die Deutschbalten. München 1995.
Schmidt, Alexander: Geschichte des Baltikums. München 1992.
Scholz, Friedrich/Tenhagen, Wolfgang (Hg.): Die baltischen Staaten im fünften Jahr der Unabhängigkeit. Münster 1997.
Schrader, Klaus/Laaser, Claus-Friedrich: Die baltischen Staaten auf dem Weg nach Europa. Tübingen 1994.
Sozialistisches Osteuropakomitee (Hg.): Baltische Staaten. Hamburg 1985.

Ström, Ake V. / Biezais, Haralds: Germanische und Baltische Religion. Stuttgart 1975.
Thomson, Erik: Das Baltikum. Lüneburg 1964.
Urdze, Andrejs: Das Ende des Sowjetkolonialismus. Der baltische Weg. Reinbek 1991.
Vollmer, Johannes/Zülch, Tilman (Hg.): Aufstand der Opfer. Verratene Völker zwischen Hitler und Stalin. Göttingen 1989.
Welder, Michael: Reise in das Baltikum. Leer 1992.
Wittram, Rainer: Baltische Geschichte. München 1954.

Register

Abrene (Abrehnen) 12, 107
Ackerbau 18, 149
Adel, deutscher 37, 39 ff., 43 f., 48, 64, 66, 68
–, russischer 68
Afrika 40, 70
Aizpute (Hasenpoth) 64
Albert von Buxhoeveden, Bischof 35, 149
Alkohol 21, 132, 136
Alunāns, Juris 120
Andersons, Imants 123
Arajs, Victor 56
Arbeiterschaft 44 f., 47
Arbeitslosigkeit 95, 100
Arbusow, Aleksei 122
Armee, lettische 136 f., 149
–, sowjetische 47, 53 ff., 59, 77 f., 136, 150
Aspāzija 116, 118–121
Atomwaffen 109
Aufstände 45 f., 149
August II., poln. König 41
Auseklis 23

Bad Segeberg 33
Balladur, Eduard 107
Ballett 128
Balten 17–20, 32, 149
Baltendeutsche/Deutschbalten 38 f., 43 f., 48 ff., 61–66, 68–73, 149
Barons, Krišjānis 24, 115 f. (Abb.), 120
Bauska 38
Bergengruen, Werner 71
Berlin 48 f., 63, 128 f., 143
Bernstein 7, 13, 19 f., 64, 149
Bertold, Bischof 34
Birkavs, Valdis 91
Blankenfeld, Johan, Erzbischof 39
Blaumanis, Rudolfs 120
Blutsonntag 45
Bock, Woldemar von 69

Böcklin, Arnold 127
Bodenschätze 13
Böll, Heinrich 122
Brastiņš, Ernests 24
Bremen 35, 37 f., 104
Breschnew, Leonid 124
Brigadere, Anna 120
Bronzezeit 19, 25
Bush, George 76

Cēsis (Wenden) 38, 50, 64, 71, 141, 149
Christianisierung 22, 33 f., 62
Clinton, Bill 111

Dalbins, Juris 89, 91
Dänemark 12, 31, 34, 42, 76, 107, 111
Danos, Johann 73
Danzig 142
Daugava (Düna) 9 (Abb.), 13, 26 f., 30, 33, 35, 46, 71, 77, 103, 139, 149
Daugavpils 8, 85, 104, 148
DDR 55
Dekla 22
Deportationen 46, 54–58, 83, 150
Deutscher Orden 33, 36–40, 62, 150
Deutschland 7 ff., 34, 46 f., 52, 54, 56, 69–73, 76, 79, 97, 101 f., 107, 141, 144, 149 f.
Dievs 22 ff.
Dievturība-Bewegung 24
Dnjepr 30 ff.
Dundaga 38

Eckardt, Julius von 69
Edole 38
Einkommen 93, 96 ff., 130 f.
Eisenzeit 19 f., 25
Eiszeiten 13 f., 16

Anhang 159

Emigranten, deutschbaltische 69–73, 138f., 149
Energiewirtschaft 101ff. (Abb.), 105
Estland 12f., 16, 33, 35, 37, 39, 72, 76, 79, 85, 92, 96, 106ff., 110, 123f., 137
Europäische Union 76, 92, 101f., 106ff.
Europarat 79f., 106, 150

Familienstruktur 20f., 133
Feodorova, Aleksandra 128
Ferdinand I., dt. Kaiser 39
Fernsehen 132
Finnland 18, 102, 107, 109, 127
Finno-Ugrier 17ff.
Forsell, Elli 127
Frankfurt 63
Frauen 20f., 114, 119, 133
Frauenliga, lettische 136
Frieden von Nystadt 42

Gauja (Livländische Aa) 13, 15, 140f.
Genscher, Hans-Dietrich 76
Gewerkschaft 52
Ghetto 48, 56, 150
Gilden 38, 65
Gimbutas, Marija 16f., 25
Gluck, Ernst 63, 117
Godmanis, Ivars 84
Gorbatschow, Michael 7, 58, 60, 76f., 79, 83, 140 (Abb.), 150
Gorbunovs, Anatolijs 77, 85
Gotland 33
Gotländische Genossenschaft 35
Göttner-Abendroth, Heide 16
Griechenland 19
Großbritannien 101f.
GUS 102
Gustaf II. Adolf, schwed. König 41

Hallstatt-Kultur 19, 149
Hamann, Johann Georg 68
Handel 19f., 30f., 64f., 95f., 149
Hanse 35, 39, 64, 149

Hartknoch, Johann Friedrich 68
Hartwig, Erzbischof von Hamburg und Bremen 34f.
Heinrich von Lettland 33, 36
Helsinki 86-Gruppe 58, 150
Herder, Johann Gottfried 66f. (Abb.)
Herrnhuter Brüdergemeinde 63
Himmler, Heinrich 56
Hitler, Adolf 54, 56, 72
Hitler-Stalin-Pakt 9, 52f., 58f., 76, 109ff., 149
Holocaust 56, 87, 89
Homosexuelle 92

Industrialisierung 44, 65, 93
Industrie 51, 95, 103f.
Innozenz III., Papst 34
Island 76, 150
Israel 89
Italien 19
Iwan IV., russ. Zar 40

Jakob von Kurland 40
Jastrschembskij, Sergej 109
Jelgava 46, 91, 148
Jelzin, Boris 8, 76, 82, 111, 150
Jerusalem 37
Jesuiten 38, 62f.
Jurkāns, Jānis 84, 88
Jūrmala 87, 103, 122, 140 (Abb.), 148

Kaiserwald 56
Kanada 90
Karibik 40
Karl XI., schwed. König 41
– XII., schwed. König 42
Karta 22
Kaspisches Meer 30
Katharina I., russ. Zarin 43
– II., russ. Zarin 48
Kemeri-Nationalpark 105
Kerkovius, Ida 71
Kettler, Gotthard 39
Keyserling, Hermann Graf 71
Kiel 142

Kiewer Rus 31 f.
Klapeda 109
Klementew, I. 138
Klima 14
Knopken, Andreas 62
Kohl, Helmut 8, 76, 111
Koknese (Kokenhusen) 64, 141
Kolonisierung, deutsche 18, 32 f., 35, 37
–, slawische 18
Komisars, Voldemars 128
König, Marie 16
Königsberg 37, 68
Konstantinopel 32
Kopelew, Lew 122
Korruption 98 ff.
Krieg, Dreißigjähriger 39, 41 ff., 64
– Erster Weltkrieg 18, 46 f., 71, 77, 149
–, Großer Nordischer 18, 41 ff., 149
–, Livländischer 40 f., 149
– Zweiter Weltkrieg 7, 53 f., 72, 150
Kriminalität 92, 132
Kristopans, Vilis 151
Kristovskis, Girts 92
Kuldīga (Goldingen) 64, 127, 141
Kunda-Kultur 16
Kunst, bildende 63, 126 ff.
Kuren 18, 31, 36
Kurland (Kurzeme) 13, 18, 34, 40, 48, 54, 149

Laima 22
Landreform 64, 71
Landsbergis, Vytautas 85
Landwirtschaft 41, 51, 93, 95, 100, 103
Laudona 141
Lāčplēsis 10, 25 f., 44, 121, 135
Leibeigenschaft 8, 37, 40 f., 43, 66, 149
Leipzig 68
Lenin, Wladimir Ilitsch 47, 40
Lettgallen (Latgale) 13, 39, 48, 52, 62, 85, 147 (Abb.)
Lettgaller 18
Lieljuksis, Aldis 87
Lielupe (Kurländische Aa) 13
Liepāja (Libau) 46, 49, 53, 58, 72 f. (Abb.), 78, 109, 148
Limbaži (Lemsal) 64
Litauen 8, 12 f., 36 ff., 43, 79, 85, 102, 105 f., 110, 123, 137
Liven 18, 34
Livland (Vidzeme) 13, 18, 42, 47, 52, 67, 71
Livländische Chronik 33, 36
Livländische Reimchronik 33
Livländischer Ordensstaat 36, 61, 149
Lübeck 33, 35, 37, 90
Luschkow, Jurij 82, 110
Lusis, Jānis 138
Luther, Martin 62
Lyrik 114, 118, 121

Mafia 92, 98, 131
Magdalénien-Kultur 16
Mandelstamm, Paul 56
Marienburg 37, 43
Matvejs, Voldemars 126
Māra 22
Meinhard, Bischof 33 f., 36
Melngailis, Emilīs 24, 120
Menschikow, Aleksandr Danilowitsch 43
Meri, Lennart 8, 85
Merkel, Garlieb 66, 68
Mēness 23
Minderheiten 51, 57, 71, 73, 81
–, deutsche s. Baltendeutsche, dt. Adel
–, jüdische 48 f., 55, 81, 86 f., 89
–, lettische in Rußland 83
–, polnische 81, 148
–, russische 57, 60, 73, 77 f., 80 f., 84, 108, 133 f., 137, 148
–, ukrainische 57, 73, 77, 81, 148
–, weißrussische 57, 78, 81, 148
Minsk 32
Minz, Paul 56
Missionierung 32 ff., 61 f.

Moskau 52f., 59f., 72, 76, 82, 85, 115
Mussolini, Benito 52
Mythologie 10, 15, 20–27, 123, 127

Narva (Fluß) 61, 71
- (Stadt) 38, 40ff.
- -Kultur 17
Nationalpark 15, 105, 140f.
NATO 106, 108–111, 150
Neiland, Larissa 138
Niedra, Andrievs 50
Nikolaus II., russ. Zar 45
Nowgorod 30
Noworossijsk 101

Österreich 97
Ostpreußen 62, 67
Ostsee 12, 18, 31, 35, 42
- -Gipfel 8, 150

Parteien 84
- Bauernbund 51, 84
- Bewegung für Lettland 88f., 106
- Bolschewisten 47ff., 71, 149
- Demokratische Partei Saimnieks 88f., 106
- Für Vaterland und Freiheit 81, 84
- Gleichberechtigung
- Harmonie für Lettland 84
- Jüdischer Bund 46, 49
- KPdSU 58, 122
- KPL 58, 83, 123, 150
- Lettische Nationale Unabhängigkeitsbewegung 84, 88
- Lettlands Weg 84f., 88
- Sozialdemokratische Arbeiterpartei 46f., 49, 51
- Sozialistische Partei 88, 106
- Vaterland 82
- Volksfront 58, 83f., 150
- Volkspartei 88, 100, 106
- Zentrumspartei 84
Palästina 34, 37
Panslawismus 44, 68

Paris 49
Pērkons 23
Peter I., russ. Zar 41f.
Peters, Jānis 116, 123
Polen 32, 41f., 53, 77, 105, 107f., 110f.
Poltawa 42
Preise 95, 97, 129, 131f., 144
Priede, Gunars 122
Priedite, Aija 118
Privatisierung 92, 95, 98f.
Pruzzen 18, 33
Pskov 32, 78
Pujo, Boris 60, 85
Pumpurs, Andrejs 120, 122
Purgailis, Māris 105
Purvits, Vilhelms 126

Rainis, Jānis 115, 118–121
Rechtssystem 23f., 91f.
Reformation 39, 62, 117, 149
Religion(sgemeinschaften) 134f., 148
- Christen 22, 39, 62
- Dievturība- 24
- Katholiken 39, 62, 134
- Protestanten 39, 62f., 134f.
- Russisch-Orthodoxe 68
-, vorchristliche 15, 21–25, 62
Reval 41
Revolution, russische (1905) 45, 70, 149
- (Feb. 1917) 47, 52, 149
- (Okt. 1917) 47, 77, 149
Rēzelne 38
Ribbentrop, Joachim von 72
Riga 8, 27, 29 (Abb.), 35, 37f., 40ff., 44–51 (Abb.), 54, 56–59, 62, 64–67, 71ff., 80, 83, 86, 89, 103ff., 111, 119, 124, 127ff., 132, 139f., 143, 148ff.
Rigaer Bucht 12f., 103
Rom 39
Römisches Reich 7, 20, 149
Rozentals, Jānis 126f.
Rūbiks, Alfred 83, 85, 88, 104
Rühe, Volker 111

Rumänien 108
Rußland 7, 12, 32, 40 ff., 68 ff., 78, 89, 95, 98, 101 f., 108 ff., 133, 149
Rybkin, Iwan 109

Salačgriva 141
Salaspils 55 f. (Abb.)
Saldus 127
Samarin, Jurij 69
Sängerfest 77, 123 f., 149
Säuberungen, politische 50 f.
Saule 23
Schiemann, Theodor 71
Schirren, Carl 69 f.
Schmidt, Alexander 54 f.
Schulen 18, 41, 49, 51, 53, 68, 86, 134
Schützen, lettische (rote) 47, 149
Schwarzes Meer 30
Schwarzmarkt 95
Schweden 7, 31, 34, 41 ff., 102, 107, 109, 149
Schweiz 12
Schwertbrüderorden 35 f.
Selen 18
Semgallen (Zemgale) 13, 118
Semgaller 18
Siauliai (Schaulen) 36
Sibirien 46, 60, 73, 83, 150
Siegerist, Joachim 86–89
Sigulda 38, 140 ff. (Abb.)
Silina, Birgita 120
Singapur 101
Skandinavien 7, 31, 54, 61, 149
Skawronska, Marta = Katharina I.
Šķēle, Andris 88 f., 100, 106
Skrunda 78
Slapinš, Andris 59 f.
Slawen 17, 30 ff., 149
Slitere 141
Slowenien 107 f.
Sowjetunion 7, 50, 52–55, 57 f., 60, 72 f., 78 f., 86 f., 93, 103, 107, 109, 149 f.
Spener, Philipp Jacob 63
Sport 137 f.

Sprache, deutsche 48, 144
–, englische 86, 125, 134, 144
–, hebräische 48, 86
–, indoeuropäische 17
–, jiddische 48
–, lettische 17, 39, 62 f., 73, 79 f., 90, 115 ff., 133 f., 149
–, litauische 17
–, livische 18
–, russische 44, 48, 57, 68, 90, 122, 133 f., 144
Staatsangehörigkeit 79 ff., 95
Stalin, Josif W. 53 f., 56 f., 72 f.
Stalingrad 54
Stankēviča, Anita 136
Steinzeit 16 f.
Stenders, Gotthard 68
Steuern 96 f.
Störche 15
St. Petersburg 43, 47, 51, 101, 118, 120, 127, 143
Strautmanis, Pēteris 58
Streiks 45 f.
Stučka, Pēteris 49, 51
Südtirol 72
Sven Estridsen, dän. König 34
Świdry-Kultur 16

Tacitus 20
Tallinn 59, 109, 150
Tartu 51, 69, 115, 124
Teici 141
Theater 49
Theoderich, Abt 36
Todesstrafe 91 f., 151
Tolgsdorf, Erdmann 63, 117
Travemünde 142
Tschechische Republik 107 f., 110 f.
Turaida 38
Turkmenbashi 53

Uexküll 33 ff.
Ulmanis, Guntis 53, 84, 88, 91, 109, 150
–, Kārlis 48 f., 51 ff., 119, 149
Umweltschutzorganisationen 104 ff.
Ungarn 32, 56, 107 f., 110 f.

Universität 51, 149
UNO 77, 150
Urnenfelderkultur 25
USA 24, 52, 78, 97, 101

Vacietis, Jukums 47, 51
Vagris, Jānis 58
Valdemars, Krišjānis 120
Valmiera (Wolmar) 38, 64, 141
Velns 22 f.
Venta (Windau) 13
Ventspils (Windau) 9, 13, 53, 57, 64, 102 ff. (Abb.), 141, 148
Verfassung 51, 77, 83 f.
Veselis, Janis 24
Vestermanis, Margers 49
Viehzucht 15
Vīķe-Freiberga, Vaira 84, 90, 151
Vilnius 59, 143, 150
Visby 33
Völkerbund 50
Volkslieder 114 f.

Volksmusik 120, 124 ff.
Volquin, Ordensmeister 36

Wagner, Richard 67
Währung 96, 100, 108, 148, 150
Waldai 13
Waldbrüder 55 ff.
Warthegau 72
Weichsel 30 f.
Weißrußland 12, 30, 143
Weltbank 98
Westfalen 36, 61
Westpreußen 72
Wikinger 7, 30 f., 61, 77
Wilhelm II., dt. Kaiser 48, 71
Wohnen 131 f.
Wolfermann, Klaus 138
Wolga 13

Zalite, Māra 123
Zigerists, Joahims = J. Siegerist
Zypern 107

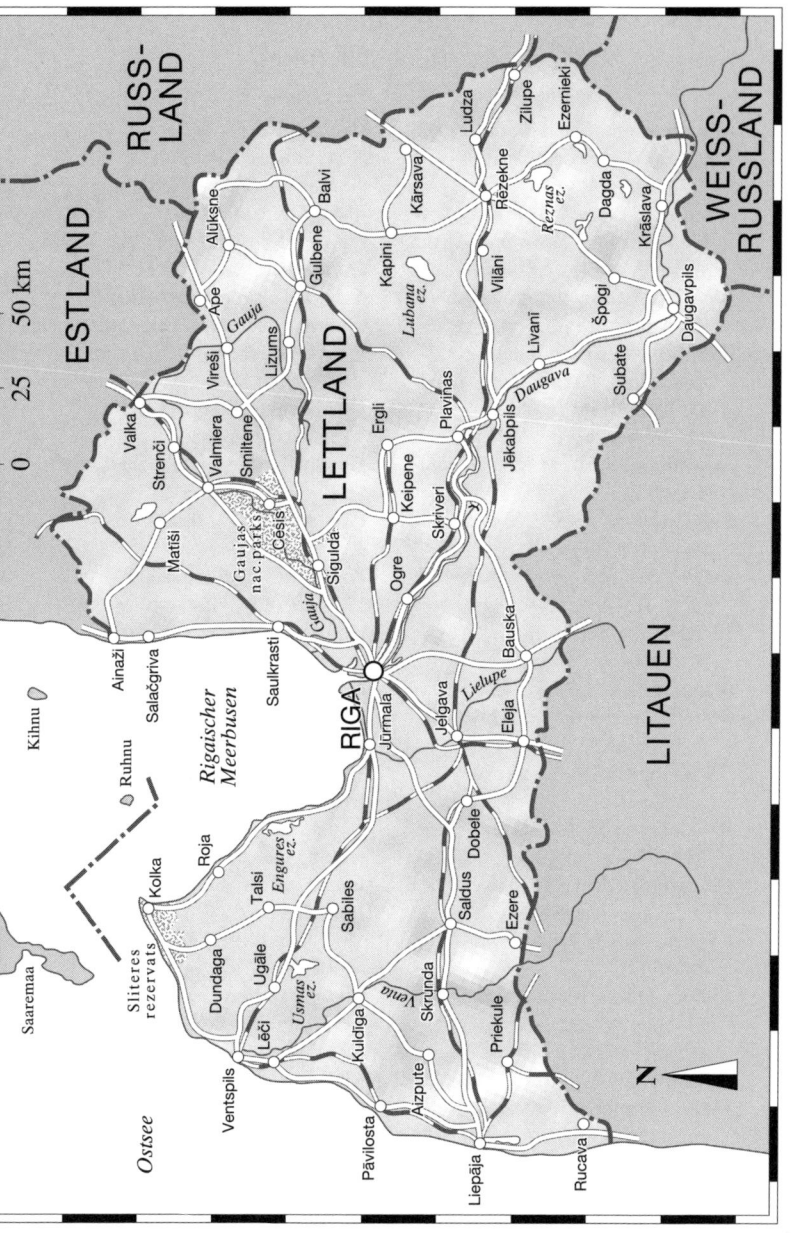

Länder und Städte in der Beck'schen Reihe

Albanien, von Ch. v. Kohl (bsr 872)
Ägypten, von F. Büttner/
  I. Klostermeier (bsr 842)
**Äthiopien, Eritrea, Somalia,
  Djibouti. Das Horn von Afrika,**
  von V. Matthies (bsr 846)
Algerien, von W. Herzog (bsr 859),
  s. auch Maghreb
**Politisches Lexikon Asien,
  Australien, Pazifik,** hrsg. von
  W. Draguhn/R. Hofmeier/
  M. Schönborn (bsr 827)
Australien, von J. H. Voigt
  (bsr 883)
Belgien, von J. Schilling/
  R. Täubrich (bsr 829)
Berlin, von E. S. Freyermuth/
  G. S. Freyermuth (bsr 490)
Bhutan, von H. Wilhelmy
  (bsr 830)
Birma, von K. Ludwig (bsr 870)
Bolivien, von T. Pampuch/
  A. Echalar A. (bsr 813)
Brasilien, von M. Wöhlcke
  (bsr 804)
Brüssel, von M. Döpfner
  (bsr 1007)
Bulgarien, von G. Knaus (bsr 866)
China, von O. Weggel (bsr 807)
Cypern, von K. Hillenbrand
  (bsr 837)
Kleines Deutschland-Lexikon, von
  G. Haensch/A. Lallemand/
  A. Yaiche (bsr 855)
Djibouti s. Äthiopien
Kleines England-Lexikon, von
  P. Fischer/G. P. Burwell
  (bsr 814)
Eritrea s. Äthiopien
Estland, von K. Ludwig (bsr 881)
Fiji, Samoa, Tonga, von S. Bruno/
  A. Schade (bsr 854)
Finnland, von W. Albrecht/
  M. Kantola (bsr 847)
Frankfurt, von C. Kleis (bsr 1193)
Frankreich, hrsg. von G. Haensch/
  H. J. Tümmers (bsr 831)
Kleines Frankreich-Lexikon,
  von G. Haensch/P. Fischer
  (bsr 802)
Griechenland, von H. Eichheim
  (bsr 877)
Großbritannien, von H. Händel/
  D. Gossel (bsr 835)
Guatemala, von S. Kurtenbach
  (bsr 874)
Politisches Lexikon GUS, von
  R. Götz/U. Halbach (bsr 852)
Hamburg, von E. Eckhardt
  (bsr 1154)
Hongkong s. Taiwan
Horn von Afrika s. Äthiopien
Indien, von K. Gräfin v. Schwerin
  (bsr 820)
Indochina, von O. Weggel
  (bsr 809)
Irland, von M. P. Tieger (bsr 801)
Island, von P. Schröder (bsr 857)
Italien, von C. Chiellino/
  F. Marchio/G. Rongoni
  (bsr 821)
Kleines Italien-Lexikon, von
  C. Chiellino (bsr 819)
Japan, von M. Pohl (bsr 836)
Kleines Japan-Lexikon, von
  M. Pohl (bsr 861)
Jemen und Oman, von D. Ferchl
  (bsr 858)
Jordanien, von O. Köndgen
  (bsr 865)

Kanada, von S. Iwersen-Sioltsidis/
A. Iwersen (bsr 869)
Kenia, von H. Hecklau (bsr 853)
Kolumbien, von G. Dilger
(bsr 864)
Korea, von H. W. Maull/
I. M. Maull (bsr 812)
Politisches Lexikon Lateinamerika,
hrsg. von P. Waldmann/
H.-W. Krumwiede (bsr 845)
Lettland, von K. Ludwig (bsr 882)
Madagaskar, von A. Osterhaus
(bsr 867)
Madrid, von J. Oehrlein (bsr 1008)
**Maghreb: Marokko, Algerien,
Tunesien,** von W. Herzog
(bsr 834)
Marokko s. Maghreb
Mexiko, von K. Biermann (bsr 851)
Mongolei, von A. Schenk/
U. Haase (bsr 848)
**Politisches Lexikon Nahost/
Nordafrika,** hrsg. von
U. Steinbach/R. Hofmeier/
M. Schönborn (bsr 850)
Nepal, von W. Donner (bsr 833)
Neuseeland, von A. Hüttermann
(bsr 844)
New York, von G. M. Freisinger
(bsr 422)
Niederlande, von J. Schilling/
R. Täubrich (bsr 817)
Nigeria, von H. Bergstresser/
S. Pohly-Bergstresser (bsr 839)
Nordafrika s. Nahost
Norwegen, von G. Austrup/
U. Quack (bsr 828)
Oman s. Jemen
Peru, von E. v. Oertzen (bsr 822)
Philippinen, von R. Hanisch
(bsr 816)
Polen, von T. Urban (bsr 875)
Portugal, von G. und A. Decker
(bsr 806)

Prag, von C. Bartmann (bsr 1050)
Politisches Lexikon Rußland, von
R. Götz/U. Halbach (bsr 856)
Rumänien, von K. Verseck
(bsr 868)
Samoa s. Fiji
Schweden, von G. Austrup
(bsr 818)
Schweiz, von M. Schwander
(bsr 840)
Simbabwe, von M. Pabst (bsr 878)
Slowakei, von S. Vykoupil
(bsr 876)
Slowenien, von P. Rehder (bsr 879)
Somalia s. Äthiopien
Spanien, von W. Herzog (bsr 811)
Kleines Spanien-Lexikon, von
G. Haensch/G. Haberdamp de
Antón (bsr 825)
Südafrika, von M. Pabst (bsr 871)
Taiwan/Honkong, von O. Weggel
(bsr 849)
Thailand, von W. Donner (bsr 862)
Tibet, von K. Ludwig (bsr 824)
Tonga s. Fiji
Tschechien, von J. Burgerstein
(bsr 873)
Tunesien s. Maghreb
Turin, von M. Knapp-Cazzola
(bsr 1019)
Türkei, von F. Sen (bsr 803)
Kleines Türkei-Lexikon, von
K. Kreiser (bsr 838)
Ukraine, von E. Lüdemann
(bsr 860)
Ungarn, von S. Kurtán/K. Liebhart/
A. Pribersky (bsr 880)
USA, von R. Rode (bsr 843)
Kleines USA-Lexikon, von
J. Redling (bsr 826)
Venedig, von G. Salvatore
(bsr 1092)
Weißrußland, von D. Holtbrügge
(bsr 863)

Zur Geschichte Osteuropas

Hartmut Boockmann
Der Deutsche Orden
Zwölf Kapitel aus seiner Geschichte
23. Tausend. 1999.
319 Seiten mit 41 Abbildungen auf Tafeln und 2 Karten. Leinen
(Beck's Historische Bibliothek)

Jörg K. Hoensch
Geschichte Böhmens
Von der slavischen Landnahme bis zur Gegenwart
3., aktualisierte und ergänzte Auflage. 1997.
588 Seiten mit 5 Karten. Leinen

Andreas Kappeler
Rußland als Vielvölkerreich
Entstehung – Geschichte – Zerfall
2., durchgesehene Auflage. 1993.
395 Seiten mit 11 Karten. Leinen

Chloe Obolensky (Hrsg.)
Das Alte Rußland
Ein Porträt in frühen Photographien 1850–1914
Aus dem Englischen von Karl Heinz Siber
Mit einer Einleitung von Max Hayward.
2., Auflage. 1981.
360 Seiten mit 502 Photos. Leinen

Manfred Hildermeier
Geschichte der Sowjetunion 1917–1991
Entstehung und Niedergang des ersten sozialistischen Staates
1998. 1206 Seiten mit 73 Tabellen,
8 Diagrammen und 1 Karte. Leinen

Verlag C. H. Beck München